4월의 모든 역사

세계사

세계사 4月

4월의 모든 역사

● 이종하 지음

디오네

매일매일 일어난 사건이 역사가 된다

역사란 무엇일까. 우리는 왜 역사에 관심을 갖는 것일까.

이 책을 쓰는 내내 머릿속을 맴돌던 질문이다.

아널드 토인비는 역사를 도전과 응전의 개념으로 설명한 바 있다. 그 것은 인류사 전체를 아우르는 커다란 카테고리를 설명하기에는 더없이 좋은 개념이다. 그러나 미시적인 문제로 들어가면 이야기가 달라진다. 나일 강의 범람 때문에 이집트에서 태양력과 기하학, 건축술, 천문학이 발달하였다는 것은 도전과 응전으로 설명이 가능하지만, 예술사에서 보 이는 사조의 뒤섞임과 되돌림은 그런 논리만으로는 설명이 안 된다.

사실 역사란 무엇인가에 대한 관심은 대학 시절 야학 교사로 역사 과 목을 담당하면서 싹텄다. 교과서에 나와 있는 대로 강의를 하는 것은 죽 은 교육 같았다. 살아 있는 역사를 강의해야 한다는 생각에 늘 고민이 깊었다. 야학이 문을 닫은 후에 뿌리역사문화연구회를 만든 것도 그런 고민을 해결하지 못했기 때문이다.

약 10년간 뿌리역사문화연구회를 이끌면서 '어린이와 청소년을 위한 교실 밖 역사 여행' '어린이 역사 탐험대'를 만들어 현장에서 어린이와 청소년을 만났다. 책으로 배우는 역사와 유적지의 냄새를 맡으며 배우 는 역사는 느낌이 전혀 달랐다. 불이학교 등의 대안학교에서 한국사 강 의를 맡았을 때도 그런 느낌은 피부로 와 닿았다.

그렇다고 역사를 현장에서만 접해야 한다는 것은 아니다. 역사 자체는 어차피 관념 속에 있는 것이며, 그것이 우리에게 구체적으로 구현되는 것은 기록을 통해서이기 때문이다. 역사는 과거이며, 그 과거는 기록으로 존재한다. 그러나 현재에 펼쳐진 과거의 기록은 현재를 해석하는 도구이고, 결국 미래를 향한다.

이 책은 매일매일 일어난 사건이 역사가 된다는 사실에 기초하여, 1월 1일부터 12월 31일까지 일어난 중요한 사건들을 날짜별로 기록한 것이다. 사건의 중요도에 따라 집필 분량을 달리하였으며, 『1월의 모든 역사 - 한국사』『1월의 모든 역사 - 세계사』처럼 매월 한국사와 세계사로 구분하였다. 1월부터 12월까지 총 24권에 걸쳐 국내외에서 일어난 중요한 역사적 사실들을 흥미진진하게 담았다.

이 책에 나와 있는 날짜는 태양력을 기준으로 하였다. 음력으로 기록된 사건이나 고대의 기록은 모두 현재 사용하는 태양력을 기준으로 환산하여 기술하였다. 고대나 중세의 사건 가운데에는 날짜가 불명확한 것도 존재한다. 그것들은 학계의 정설과 다수설에 따라 기술했음을 밝힌다.

수년에 걸친 작업이었지만 막상 책으로 엮으니 어설픈 부분이 적지 않게 눈에 들어온다. 앞으로 그것들은 차차 보완을 거쳐 이 시리즈만으로도 인류 역사의 대부분을 일견할 수 있도록 만들고 싶다.

이 책을 쓰다 보니 매일매일을 성실하게 노력하며 살아야겠다는 생각이 든다. 매일매일의 사건이 결국 역사가 되기 때문이다.

이종하

차례

4月

4월의
모든 역사

4월 1일

■
．
■

2001년 4월 1일

네덜란드, 세계 최초로 안락사를 합법화하다

안락사安樂死는 살아날 가능성이 전혀 없는 환자의 고통을 멎게 하려고 환자를 죽음에 이르도록 하는 것을 말한다.

죽음에 이르게 하는 수단에 따라 적극적(능동적) 안락사와 소극적(수동적) 안락사로 나눈다. 적극적 안락사는 모르핀 등 약물을 과다하게 주사하여 죽음에 이르도록 환자에게 직접적으로 행위를 하는 것이고, 인공호흡기를 떼어 내는 것과 같이 환자에게 필요한 어떤 의학적 조치를 하지 않거나 인위적인 생명 연장 장치를 제거하는 것을 소극적 안락사라고 한다.

또한 환자의 동의 여부에 따라 자발적 안락사와 비자발적 안락사로 나누기도 한다. 자발적 안락사는 환자의 직접적인 동의가 있을 경우에 환자를 죽음에 이르게 하는 것이고, 비자발적 안락사는 환자의 직접적인 동의가 없음에도 불구하고 가족의 요구 또는 국가의 요구에 의해 환자를 죽음에 이르게 하는 것을 일컫는다.

이중에서 적극적 안락사와 비자발적 안락사가 핵심적인 논쟁거리다. 이 두 가지의 경우에는 의료적 오판의 가능성이나 안락사의 선한 의도가 악용될 가능성으로부터 자유롭지 않기 때문이다.

1994년 6월, 네덜란드의 한 정신과 의사가 심한 우울증에 시달리던 여자 환자에게 치사량의 수면제를 주어 자살을 방조한 혐의로 기소되었다. 네덜란드 대법원은 의사에게 유죄를 인정하면서도 형은 선고하지 않았다.

이를 계기로 촉발된 네덜란드의 안락사 논쟁은 2001년 4월 1일, 마침내 네덜란드 상원에서 안락사 허용 법률안이 46 대 28로 통과됨으로써 일단락되었다. 이로써 네덜란드는 세계 최초로 안락사를 합법화한 나라가 되었다. 그리고 인접국인 벨기에에서도 2002년 9월 안락사를 합법화하는 법률을 통과시켰다.

스위스에서는 이미 1998년 5월에 안락사를 전문적으로 지원해 주는 디크니타스 병원을 설립하였다. 또한 미국 오리건 주는 환자가 서면으로 두 차례 이상 요구하고, 2명 이상의 증인과 2명 이상의 의사로부터 진료를 받은 후 의사가 처방전을 써주면 약국에 가서 약을 복용 후 죽음을 맞이할 수 있는 '존엄 안락사법'을 시행하고 있다. 워싱턴 주 또한 선거를 통해 '존엄사법'을 통과시켰다.

하지만 오스트레일리아의 노던 주는 1996년에 조건부로나마 세계 최초로 안락사를 법제화하였다가 안락사를 반대하는 사람들의 강력한 항의에 부딪혀 6개월 만에 폐지하였다.

이처럼 네덜란드, 벨기에 같이 안락사 관련 법률을 도입하며 적극적으로 안락사를 인정하는 나라가 있긴 하지만, 현재 대부분의 나라에서는 조심스럽게 소극적으로 안락사를 허용하거나 아니면 전혀 인정하지 않고 있다.

그래서 그리스어로 '아름다운 죽음'을 뜻하는 안락사는 전 세계적으로 여전히 논쟁 중에 있다. 찬성하는 쪽은 개인이 자기 자신의 신체, 생

명, 죽음에 관한 권리를 지니므로 자신의 죽음을 스스로 선택하는 안락
사는 살인과는 다르다는 논리를 내세운다. 또한 시간이 지날수록 가족
들의 정서적, 경제적인 부담이 커지므로 적어도 소극적 안락사는 찬성
되어야 하고 안락사를 법적으로 인정하기 전에 엄격한 기준을 적용하
여 실행하면 된다고 주장한다.

반면에 안락사를 허용하면 생명 경시 풍조가 생겨날 것이라고 우려
하며 반대하는 쪽도 있다. 경제적으로 여유가 없거나 돌보기 귀찮다는
이유로 바로 안락사시킬 수도 있고, 안락사로 위장해 살인을 저지르는
등 오용이나 남용하는 범죄들이 등장할 것이라고 주장하기도 한다. 또
한 인간의 생명은 어떤 상태에 있든지 관계없이 그 자체로 무한한 가치
가 있으므로 절대적 존엄성을 지닌 인간의 생명을 보존하기 위해서 어
떠한 치료 중지도 정당화될 수 없다고 말한다.

한편 우리나라에서는 1999년에 「장기 등 이식에 관한 법률」을 제정
하여 뇌사를 사망의 시기로 보지 않으면서도 뇌사자로부터 장기를 적
출하는 것에 대해 적법성을 인정하는 정도의 법적 규율을 함으로써 소
극적으로 안락사를 허용하고 있다.

* 1998년 5월 17일 '스위스의 변호사 미넬리, 안락사 전문 디그니타스 병원
  설립' 참조

1913년 4월 1일

미국 포드 자동차, 컨베이어 시스템 도입한 포드 '모델 T' 생산

컨베이어 시스템은 공장 내부를 물 흐르듯 연결하는 컨베이어가 설치되고 그 옆에 배치된 노동자들이 순서대로 부품을 조립하는 생산 방식으로 대량 생산, 가격 할인, 대량 소비를 위해서는 불가피한 공정 과정이다.

1913년 4월 1일, 미국 미시간 주 하일랜드 파크의 포드 자동차 공장에서 컨베이어 시스템을 이용한 자동차 '모델 T'가 처음으로 생산되었다.

원래 모델 T는 이미 1908년에 첫 선을 보였는데, 조작이 간단하고 차체가 견고하며 무엇보다도 다른 자동차 가격이 2,100달러였을 때 825달러를 받아 폭발적인 인기를 끌었던 차종이었다.

사람들의 반응에 자신감을 얻은 헨리 포드(Henry Ford : 1863~1947)는 단일 모델과 대량 생산 방식의 컨베이어 시스템을 '모델 T'에 도입하였다.

그 결과 대당 생산 시간을 630분에서 93분으로 단축시켜 연간 7~8만 대에 불과하던 자동차 생산 대수를 비약적으로 증대시켰을 뿐만 아니라, 1925년에는 자동차 가격을 290달러까지 떨어뜨릴 수 있었다.

이후 '모델 T'는 세계 자동차 생

포드사의 '모델 T'

산 대수의 50%를 차지하면서 1927년 단종될 때까지 모두 1,500만대를 보급할 정도로 큰 인기를 얻었다. 이는 독일의 국민차 폴크스바겐의 '비틀'이 1970년대에 이 기록을 깨기까지 단일 모델로선 세계 최대의 생산 기록이었다.

1979년 4월 1일

이란, 이슬람 공화국 선포

1977년 11월 이란의 수도 테헤란에서 시위가 일어났다. 그동안 이란은 과시성 사업과 군비 강화에 예산을 낭비하여 경제가 1976년 후반부터 눈에 띄게 악화되기 시작하였다. 테헤란의 시위는 이로 인해 이전보다 더 커진 빈부 격차에 대한 항의의 표시였다. 또한 왕정의 무능과 부패는 이란 국민들을 더 힘들게 하였다.

이를 계기로 이란에서는 1978년 2월에 타브리즈 폭동이 일어났고, 1979년 2월에는 이슬람 혁명이 일어났다. 이로써 모하마드 레자 샤 팔레비(Mohammad Reza Shah Pahlevi : 1919~1980) 국왕이 쫓겨나가고 파리에서 망명 중이던 아야톨라 루홀라 호메이니(Ayatollah Ruhollah Khomeini : 1902~1989)가 돌아와 정권을 세웠다.

잠시 호메이니를 지지하는 세력들과 팔레비 국왕을 지지하는 바흐티야르 내각 사이에 다툼이 있었지만 결국에는 호메이니를 지지하는 세력이 승리하였다. 1979년 3월 30일과 31일에 걸쳐 국민투표를 치르고 4월 1일, 마침내 이란은 이슬람 공화국 수립을 선포하였다.

* 1935년 3월 21일 '페르시아, 이란으로 국호를 바꾸다' 참조
* 1979년 2월 11일 '이란 혁명 발생' 참조

—

1969년 4월 1일

제9회 중국 공산당 전국 대표 대회, 베이징에서 개막

—

제9회 중국 공산당 전국 대표 대회가 1969년 4월 1일 베이징 인민 대회장에서 개막했다.

중국 공산당 대회는 중국 내 대부분의 권력을 실질적으로 장악하고 있는 공산당의 전당 대회로서, 보통 5년에 1회씩 개최되지만 중앙위원회가 필요하다고 결정했을 때와 또는 3분의 1 이상 성省급의 당 조직이 요구를 하면 개최되기도 한다.

이번 대회는 1956년 9월 제8회 대회 이후 12년 만에 열린 당 대회였다. 오래간만에 열린 대회의 열기를 반영하듯 당원 대표 1,512명이 인민 대회장을 가득 메웠고 단상에는 지도부 176명이 있었다. 하지만 제8회 대회 때와 같은 얼굴은 43명뿐이었다. 1960년대 중반부터 불어 닥친 문화대혁명의 거센 폭풍으로 그만큼 많은 지도부가 숙청되었기 때문이었다.

문화대혁명은 류사오치(劉少奇 : 1898~1969)와 덩샤오핑(鄧小平 : 1904~1997)을 중심으로 자본주의 길을 걷는 '실권파'나 공산주의를 배반한 '수정주의자'를 몰아내고, 린뱌오(林彪 : 1907~1971)나 장칭(江青 : 1914~1991) 등 '혁명파'가 권력을 잡은 계급 투쟁이었다.

4월 14일에 당내 서열 2위였던 당 제1부주석 겸 국방부장인 린뱌오를 마오쩌둥(毛澤東 : 1893~1976)의 후계자로 규정한 중국 공산당 규약 개정안이 만장일치로 채택되었고, 대회는 4월 24일에 폐막하였다.

1960년 4월 1일

미국, 세계 최초의 기상 위성 타이로스 1호 발사

세계 최초의 기상 위성 타이로스 1호Tiros I가 1960년 4월 1일 미 항공우주국NASA에서 발사되었다.

기상 위성은 구름의 상태나 온도 등과 같은 대기에 관한 최신의 정보를 제공하는 장치로서, 타이로스는 적외선 영상 장치를 부착하고서 지구를 덮고 있는 구름이나 폭풍의 발생과 소멸 과정을 추적하도록 만들어졌다.

이후 타이로스는 1965년 7월의 10호까지 모두 10개가 발사되어 기상 정보를 보내왔다. 계속해서 님버스Nimbus, 아이토스Itos 위성 등의 기상 위성이 발사되었으며, 중국, 일본, 인도, 유럽 등의 우주국에서도 기상 위성을 발사하였다.

2001년 4월 1일

밀로셰비치 유고슬라비아 전 대통령 체포

슬로보단 밀로셰비치(Slobodan Milosevic : 1941~2006) 유고슬라비아 전 대통령이 2001년 4월 1일, 자택을 급습한 경찰에게 체포되었다.

이미 1999년 5월에 구舊 유고슬라비아 국제 형사 재판소ICTY에 의하여 전쟁 범죄와 학살죄, 반인도적 범죄 혐의로 기소되었던 그는 변호사를 통해 자신의 혐의를 전면 부인하고 결백을 주장했다.

이후 밀로셰비치는 네덜란드 헤이그로 이송되어 전범으로 재판을 받던 중 2006년 3월 11일 감옥에서 사망하였다.

* 2006년 3월 11일 '발칸의 도살자 밀로셰비치 사망하다' 참조

4월의
모든 역사

4월 2일

■
■
■

2005년 4월 2일

교황 요한 바오로 2세 선종

"나는 행복합니다. 그대들도 행복하세요.
울지 말고 우리 함께 기쁘게 기도합시다."

-교황 요한 바오로 2세

제264대 교황 요한 바오로 2세(Joannes Paulus Ⅱ : 1920~2005)가 2005
년 4월 2일 지병으로 서거했다. 그는 교황으로 봉직하며 종교적 지도자
로서의 역할과 20세기 후반 냉전 시대에 세계의 평화와 민주화를 위해
노력한 정치적 지도자로서의 면면을 보여줬다.

바오로 2세는 1920년 폴란드 남부의 바도비체에서 태어났으며, 본
명은 카롤 요제프 보이티와Karol Jozef Wojtyla이다. 그는 대학에서 문학을 전
공했고 한때 재능 있는 배우로 인정을 받기도 했다. 하지만 1939년 독
일이 폴란드를 침공하자 그는 배우의 꿈을 접고 신학을 공부하였다.
1946년에 사제 서품을 받았고 사제가 된 지 18년 만에 크라코프의 주
교로 임명됐다. 3년 뒤인 1967년에는 추기경에 올라 프랑스 등 유럽 각
지에서 활발한 사목 활동을 펼치며 명성을 쌓아갔다.

1978년 요한 바오로 1세(Joannes Paulus Ⅰ: 1912~1978)가 등위 33일
만에 사망하자 그는 1978년 10월 58세의 나이에 교황으로 임명됐다.
이탈리아 사람이 아닌 사제가 교황으로 임명된 것은 455년 로마 교황
청 역사상 처음이다.

그는 분쟁 지역과 독재 국가, 오지 등을 가리지 않고 활발한 해외 선
교 활동을 하였다. 하지만 이 때문에 1981년 5월에는 이탈리아 로마의
성 베드로 광장에서 한 터키인에게 총을 맞아 목숨을 잃을 뻔한 위기에
처하기도 하였다.

그렇지만 바오로 2세는 역대 어느 교황보다도 '용서와 관용의 사도'
로서의 역할을 많이 했다. 1994년 11월에는 「3천년을 맞는 칙서勅書」
를 통하여 "교회가 과거에 종교의 이름으로 저지른 불관용과 전체주
의 정권에 의한 인간 기본권의 유린을 묵인한 것은 잘못이다."라는 고
백을 함으로써 가톨릭교회의 억압과 불관용에 대해 잘못을 인정했으

며, 2000년 3월 12일 사순절 미사에서도 로마 가톨릭이 지난 2000년간 행한 종교 재판, 마녀사냥, 십자군 전쟁, 강제 개종 등에 대해서도 용서를 구했다. 또한 종교 간의 갈등을 해소하는 데에도 노력을 기울여, 2001년 5월에는 시리아의 수도 다마스쿠스에 있는 이슬람 사원을 방문하였다.

바오로 2세는 1990년대 초반부터 파킨슨씨병으로 고통을 겪었다. 2005년 들어서는 고령까지 겹쳐 병세가 더욱 악화되자 전 세계의 수많은 신도들이 바티칸에 모여들어 그의 회복을 기원했다. 하지만 바오로 2세는 끝내 눈을 감았다.

그의 재임 기간은 26년으로 역대 교황의 평균 재임 기간 7.3년을 크게 웃돌아 초대 교황인 베드로 사도와 비오 9세(Pius IX : 1792~1878)에 이어 역대 세 번째 장수 교황으로 기록됐다.

* 1981년 5월 31일 '교황 요한 바오로 2세, 저격 사건 발생' 참조
* 2000년 3월 12일 '로마 가톨릭, 과거 박해 참회' 참조

━

1917년 4월 2일

미국 대통령 윌슨, 미국의 제1차 세계 대전의 참전 승인을 요청하다

━

제1차 세계 대전 당시, 미국은 중립을 지키면서도 순수한 무역 거래라는 명목하에 연합군 측에 막대한 양의 전쟁 물자를 공급하며 실리를 챙치고 있었다.

그러던 차에 '무제한 잠수함 작전'과 '치머만 전문 사건'이 독일 측에 의해 자행되었다. 이에 미국의 토마스 윌슨Thomas Woodrow Wilson 대통령은 1917년 4월 2일 의회에 미국의 제1차 세계 대전의 참전 승인을 요청했다.

독일 무제한 잠수함 작전은 제1차 세계 대전 당시, 독일이 영국을 공격하기 위하여 취한 해전 전술이다. 독일은 1915년 초부터 잠수함으로 영국에 대한 통상적인 파괴 작전을 개시하였는데, 영국은 이에 대해 해상 봉쇄를 감행하며 맞섰다.

이에 독일은 1917년 2월 1일부터 잠수함 작전을 무제한으로 실시하여 유럽 대륙과 영국 본토 주변 간 지정 해역의 항행을 금지하고, 그 해역을 지나가는 유럽 여러 나라 및 미국 선박을 무차별적으로 격침하기 시작하였다.

이 작전으로 독일은 영국을 반년 이내에 항복시키게 될 것이라 생각하였으나, 오히려 당시 중립국이었던 미국의 국내 여론을 자극하는 결과만 가져왔다.

또한 1917년 1월 16일, 독일 제국의 외무 장관인 아르투르 치머만(Arthur Zimmermann : 1864~1940)은 멕시코 주재 독일 대사에게 이른바 '치머만 비밀 전문'을 보내는데, 그 전문에는 멕시코 정부에게 미국에 대항하는 동맹을 제안하라는 지시가 담겨 있었다.

영국이 이 전문 내용을 감청해 암호 해독반인 40호실에서 해독하여 미국에 알려주었다. 이로 인해 미국의 독일에 대한 반감이 높아지게 되었다.

이 두 사건은 윌슨뿐만 아니라 미국을 분노하게 만들어 참전 승인 요청 후 이틀이 지난 4월 4일에 상원에서 82 대 6, 4월 6일에 하원에서

373 대 50의 압도적인 표 차이로 미국의 대독 참전 결의안을 승인했다.

1982년 4월 2일

아르헨티나, 영국령 포클랜드 군도 무력 점령

포클랜드 군도를 둘러싼 아르헨티나와 영국과의 전쟁이 1982년 4월에 개시되었다. 이 전쟁으로 아르헨티나는 사상자 630명과 항공기 94대, 함정 11척을 잃었으며, 영국은 사상자 452명과 항공기 25대, 함정 13척을 잃었다.

1982년 4월 2일 아르헨티나 해병 2,500명은 포클랜드의 수도 포트스탠리를 침공했다. 84명밖에 안 되는 영국군 수비대는 순식간에 제압당했다. 침공 후 아르헨티나는 영국명 포클랜드 대신 아르헨티나명인 말비나스로 개칭하고 영국군을 모두 추방했다. 그리고 섬에 병력을 대폭 증강하기 시작했다.

포클랜드 군도는 아르헨티나에서 480km, 영국에서는 1만 3,000km 떨어진, 남미 대륙 최남단에 있는 섬들로 이루어진 곳이다. 16~17세기에 유럽의 항해자들에게 발견되었을 때에만 해도 포클랜드는 무인도였다. 하지만 섬에 정착촌이 세워졌고 그에 따라 스페인과 영국이 서로 먼저 발견했다고 주장하면서 분쟁이 시작됐다.

1816년 아르헨티나가 스페인으로부터 독립하면서 영유권 분쟁은 아르헨티나와 영국으로 이어졌다. 1933년부터는 사실상 영국이 지배해 왔지만 아르헨티나는 영국의 영유권을 인정하지 않았다.

아르헨티나의 레오폴도 갈티에리(Leopoldo Fortunato Galtieri Castelli : 1926~ 2003) 대통령은 국내 경제가 심각해지고, 정국마저 불안해지자 국민들의 관심을 돌리기 위한 기회를 찾고 있었다. 그래서 포틀랜드에 살고 있는 1,800명의 주민과 60만 마리의 양을 보호한다는 구실을 앞세워 포클랜드 침공을 감행했다. 영국이 전쟁이라는 희생을 감수하지 않을 것으로 판단한 것이었다. 하지만 그것은 판단 착오였다.

영국의 마가렛 대처(Margaret Hilda Thatcher : 1925~) 수상은 즉각 섬 주민의 자치권을 침해한 행위로 규정하며 100척이 넘는 함대를 출동시켰다. 대처 수상 역시 당시 경제 개혁으로 영국 사회가 분열되고 양극화가 심해지면서 심각한 지지율 저하를 겪고 있었다. 그래서 그녀도 인기를 되찾기 위해 뭔가를 보여주어야 했다.

영국군은 4월 25일에 남조지아 섬을 탈환했고 5월 1일부터 본격적인 전투에 들어갔다. 치열한 공방 끝에 6월 14일 아르헨티나가 항복함으로써 결국 74일간의 분쟁은 아르헨티나의 참패로 끝났다.

1863년 4월 2일

미국 리치몬드에서 빵 폭동이 발생하다

1861년부터 미국은 인플레이션의 영향으로 밀 가격은 세 배, 버터와 우유는 네 배 이상 물가가 뛰었다. 또한 당시에 유일하게 고기를 보존해 주는 역할을 하던 소금 값마저 뛰자 서민들의 경제난은 더욱 심각해졌다.

이로 인해 식량 부족 현상이 벌어지자, 격분한 수백 명의 여성들이

1863년 4월 2일 버지니아 주의 주도인 리치몬드에서 빵 폭동Southern Bread Riots을 일으켰다. 이에 대다수의 시민들이 폭동 세력에 가담하면서 시위는 점차 커졌다. 시위대는 무능한 정부와 부패한 상인들을 비판하면서 비상식량의 방출을 요구하였다.

이 시위는 점차 애틀랜타를 비롯한 버지니아 주의 여러 도시로 번져 나갔으며, 노스캐롤라이나 주의 성난 일부 사람들은 식료품 가게를 부숴버리기도 하였다. 하지만 시위에 참가한 대다수의 사람들은 비폭력 행진 시위를 벌였다.

결국 행정관이던 제퍼슨 데이비스가 시위대에게 그만 해산해 달라고 설득함으로써 가까스로 폭동이 마무리되었다.

—

1991년 4월 2일

홍콩 스타 TV,
아시아 최초로 위성 TV 방송 시작

—

홍콩의 스타 TV가 1991년 4월 2일, 5개의 채널을 확보하고 아시아 최초로 위성 TV 방송을 시작하였다.

현재 스타 TV는 스포츠, 영화, 뉴스 등 40개 이상의 방송 서비스를 7개 국어로 제공하고 있으며, 아시아 53개 나라에 3억 명 이상의 시청자를 확보하고 있다.

4월의
모든 역사

4월 3일

1948년 4월 3일

미국 트루먼 대통령, 마셜 플랜에 서명하다

"시장 경제 체제를 채택하는 나라들이 그들의 국내 경제를 부흥시키기 위해 집행하는 계획에 대하여 미국은 대규모 재정적 지원을 하겠다.

하지만 경제적 자립을 목적으로 하는 유럽 부흥 계획을 미국 정부가 일방적으로 수립하려고 시도하는 것은 적절하지 않다. 이 계획은 공동의 계획안으로 되어야 하며, 유럽 국가의 전부는 아닐지라도 많은 국가에 의해서 동의되어야 한다."

-조지 마셜

마셜 플랜은 제2차 세계 대전 후 산업 기반이 무너진 서유럽의 재건을 위해 당시 미국의 국무 장관이었던 조지 마셜(George Catlett Marshall : 1880~1959)이 발표한 170억 달러 규모의 '유럽 부흥 계획(ERP : European Recovery Program)'이다. 정식 명칭은 유럽 부흥 계획이지만, 조지 마셜이 처음 공식적으로 제안하였기에 그의 이름을 따서 '마셜 플랜'이라고 한다.

마셜의 제안에 따라 미국 의회는 1948년 3월 상원에서 67 대 17, 하원에서 329 대 74로 경제협력법을 통과시켜 마셜 플랜을 승인했다. 이 법은 1948년 4월 3일 미국 대통령 해리 트루먼(Harry Shippe Truman : 1884~1972)의 서명을 거쳐 공식적으로 효력을 얻었다.

이를 근거로 미국은 1948년 4월부터 1951년 말까지 서유럽 16개국에 대해 경제 원조를 하였다. 비록 실제 예정된 규모보다 적은 110억 달러 가량이 투입되었으나, 서유럽은 '마셜 플랜'에 따른 원조를 기반으로 고도의 경제 성장을 이루었고 유럽공동체EC를 설립할 수 있었다.

마셜 플랜은 1947년 발표된 트루먼 독트린과 관계있는 것으로, 이는 소련과의 냉전 체제를 강화하는 결과로 이어졌다. 특히 1950년 한국 전쟁이 일어나자 마셜 플랜은 서유럽의 군대를 재무장시키는 방향으로 바뀌었다.

마셜 플랜의 핵심 내용은 다음의 세 가지로 정의된다.

첫째, 유럽 부흥 계획을 수립하는 문제는 유럽인의 일이어야 한다.
둘째, 유럽 국가들이 재정적인 자립의 기반 위에서 원만한 생활수준을 유
　　지할 수 있는 정도까지 경제를 회복시키는 데 원조의 목적이 있다.
셋째, 계획에 참가할 수 있는 대상은 기본적으로 유럽 전체로 설정한다.

다만 참가국들이 수용해야 할 일정한 조건이 붙는다(이 단서로 인해
소련과 동유럽 국가들은 실질적으로 배제가 되었다).

이후 마셜 플랜은 1952년부터는 상호안전보장법에 근거하여 원조가
계승되었다.

* 1947년 3월 12일 '미국, 트루먼 독트린 발표' 참조

—

1922년 4월 3일

스탈린, 소련 공산당 초대 서기장 취임

—

"스탈린은 너무 거칠고 난폭하다. 다행히도 우리 공산당원 사이에서 감춰
질 수 있지만, 그가 총서기가 되었을 때 그의 거친 성격은 큰 문제가 될 수
있다. 그렇기에 공산당 동지들이 스탈린 동지 대신 다른 사람을 총서기에
임명할 수 있는 방법을 자세히, 진지하게 연구해 주기를 바란다."

-블라디미르 레닌

1922년 4월 3일, 이오시프 스탈린(Ioseb Besarionis dze Jughashvili Stalin
: 1878~1953)이 소련 공산당 초대 서기장에 취임했다. 이것은 스탈린의
권력 장악을 예고하는 신호탄이었지만, 서기장이 전날 열린 공산당 대
회에서 막 신설된 직책이다보니 이 같은 상황을 예측하는 사람은 거의
없었다.

서기장은 서기국의 장長이고, 서기국은 원래 정치국에 배속돼 있다가

업무가 많아지면서 독립한 기구였다. 그래서 이때만 해도 서기장은 여러 직책 가운데 하나에 불과했다. 하지만 스탈린이 취임하면서 핵심으로 자리 잡았고 이후 소련 공산당이 붕괴될 때까지 최고 권력을 행사해 왔다.

스탈린은 블라디미르 레닌(Vladimir Il'ich Lenin : 1870~1924)의 병이 악화된 틈을 타 서기장의 위상을 높이며 권력 기반을 급속히 강화해 나갔다. 스탈린은 사실 시베리아에서 4년간 유배 생활을 했다는 것 말고는 딱히 내세울 것이 없는 혁명가였다. 마르크스 이론에 밝은 것도, 조직 활동이나 연설이 뛰어난 것도 아니었다. 하지만 볼셰비키와 멘셰비키가 갈등할 때 레닌의 볼셰비키를 따른 것은 두고두고 스탈린에게 행운이었다. 서기장 취임도 레닌이 추천한 덕분이었다.

1924년 레닌이 사망하자, 스탈린은 보리스 카메네프(Lev Borisovich Kamenev : 1883~1936), 그리고리 지노비예프(Grigory Yevseyevich Zinovyev : 1883~1936)와 삼두 체제를 결성하여 최대 정적 트로츠키를 제거하는 데 성공했다. 스탈린의 포악한 성격을 문제 삼은 레닌의 유서가 뒤늦게 알려졌지만 이미 권력은 스탈린의 손에 넘어간 상태였다. 뒤이어 카메네프, 지노비예프가 축출된 것은 당연한 수순이었다.

음모와 모략으로 반대파를 제거한 스탈린은 1929년에 소련의 절대 권력자로 올라섰다. 스탈린은 곧이어 '피의 숙청'을 시작했다. 1936년부터 1939년 사이에 139명의 당 중앙위원 가운데 98명이 총살되고 1,966명의 대의원 중 1,108명이 체포됐다.

권력 외에는 관심이 없었던 스탈린은 집권 24년 동안 그의 권력욕을 위해 정적 제거와 국민 탄압을 일삼았다. 이때의 소련은 그야말로 동토였다.

* 1879년 12월 21일 '소련 독재자 스탈린 태어나다' 참조
* 1953년 3월 5일 '소련 독재자 스탈린 사망하다' 참조

—

1860년 4월 3일

미국, 조랑말 속달 우편 제도 시작

—

"18세 이하의 마르고 건강한 남자를 구합니다. 단, 말 타기의 달인으로서
단단히 각오를 해야 합니다. 고아는 특별 우대합니다."

-조랑말 속달 우편배달부 모집 공고

1860년 4월 3일부터 시작할 조랑말 속달 우편Pony Express의 배달부 모
집 공고가 미국의 한 지역 신문에 났다. 이 공고를 보고 80명의 우편배
달부가 모였다.

그들은 조랑말을 타고 미주리 주에서 출발하여 캘리포니아 주까지
총 3,200km 거리를 달려 편지를 배달했다. 목적지에 도착하기 위해 중
간에 거쳐 지나가는 주州만 해도 7개였고, 6~8번의 말을 갈아타야 했
다. 우편물은 우편배달부가 맡은 지역을 책임지고 다음 배달부에게 넘
기는 방법으로 최종 목적지까지 도달하였다.

이전까지 배나 역마차를 통해 운반되었던 우편물은 조랑말 속달 우
편의 등장으로 더욱 빠르게 받아볼 수 있게 되었다. 그래서 많은 사람
들이 조랑말 속달 우편 사업에 뛰어들었다.

하지만 1861년 10월에 전보가 등장함으로써 이후 이 사업은 쇠퇴해
전설 속으로 사라졌다.

1930년 4월 3일

하일 셀라시에, 에티오피아의 황제가 되다

에티오피아의 메네리크 황제 가문 출신인 하일 셀라시에(Haile Selassie : 1892~1975)가 1930년 4월 3일 황제에 올랐다.

셀라시에는 1916년 쿠데타로 정권을 잡고 근대화 정책을 추진하였다. 1935년에는 이탈리아 침공에 저항하였으나 패배하여 1936년 영국으로 망명하였다.

1940년 이탈리아가 제2차 세계 대전에 참가하자 영국의 도움으로 귀국하여 다시 에티오피아를 통치하였으나, 1974년 쿠데타로 물러났다.

1998년 4월 3일

제2차 아시아 유럽 정상 회의,
영국 런던에서 개막

제2차 아시아 유럽 정상 회의(ASEM : Asia-Europe Meeting)가 영국 런던에서 1998년 4월 3일부터 이틀간의 일정으로 열렸다. 회의에서는 당시 가장 시급한 과제였던 아시아 금융 위기 극복을 위한 상호 협력 방안 등을 논의했다. 그 결과 '아시아-유럽 신탁 기금'이 설치됐다.

또 우리나라의 제안에 의해 아시아 국가들에 대한 구체적 지원 방안으로 '고위 기업인 투자 촉진단 파견 계획'이 발표됐다. 또한 '아시아-유럽 비전 그룹'이 공식 출범하면서 그 의장국으로 우리나라가 선정됐다.

* 1996년 3월 1일 '제1차 아시아 유럽 정상 회의, 태국 방콕에서 개막' 참조

—

1964년 4월 3일

파나마, 미국과 국교 재개

—

1964년 4월 3일, 미국과 파나마가 국교를 재개하였다. 1964년 1월에 파나마 운하 지대의 주권 회복과 미국 자본의 축출을 요구하는 폭동이 일어나 파나마는 미국과 국교를 단절한 상태였다.

하지만 이 때문에 운하 수입이 줄어든 데다 외국 자본의 철수, 실업의 증가, 농업 생산의 후퇴 등 심각한 사회문제가 야기됨으로써 국교 정상화 협상을 거쳐 이날부터 다시 국교를 재개하였다.

4월의
모든 역사

4월 4일

■
·
■

1968년 4월 4일

미국 흑인 인권 운동가
마틴 루터 킹 목사가 피살되다

"나에게는 꿈이 있습니다. 훗날 내가 겪어야 했던 젊은 시절과 같은 것을 내 아이가 겪지 않고, 또 그들이 피부 색깔 대신 인격을 기준으로 평가하고 평가받게 되는 꿈입니다.

나에게는 꿈이 있습니다. 훗날, 조지아에서 미시시피와 앨라배마에 이르기까지 옛날 노예의 아이가 옛날 노예 주인의 아이들과 함께 형제처럼 살게 되는 꿈입니다."

-마틴 루터 킹

　이 글은 1963년 8월, 미국 노예 해방 100주년을 맞아 흑인 인권 운동가인 마틴 루터 킹(Martin Luther King : 1929~1968) 목사가 워싱턴에서 열린 평화 행진에 참가하여 발표한 연설문이다. 비폭력주의를 내세우고 벌인 이 평화 행진의 목적은 흑인이 백인과 동등한 시민권을 누릴 수 있도록 하기 위한 것이었다. 킹 목사의 연설로 미국에서 벌어지고 있는 인종 차별 문제는 미국뿐만 아니라 전 세계 사람들의 주목을 받았고 이후 미국 인권 운동사에 큰 영향을 끼쳤다.

　마틴 루터 킹은 1929년 미국 애틀랜타에서 태어났다. 그의 집안은 대대로 목사직을 수행하였기에, 그 역시 보스턴 대학교 대학원에서 철학박사 학위를 받은 후 1954년부터 앨라배마 주에서 침례교회 목사로 일했다.

　킹 목사는 신학을 공부하면서 비폭력 저항과 인종 차별 철폐를 주장한 인도의 모한다스 카람찬드 간디(Mohandas Karamchand Gandhi : 1869~1948)에게 깊은 영향을 받았다.

　킹 목사는 1955년 12월 흑인 여성 로자 파크스(Rosa Louise McCauley Parks : 1913~2005)가 버스 자리를 백인에게 양보하는 것을 거부함으로써 촉발된 '몽고메리 버스 보이콧 운동Montgomery bus boycott'을 계기로 흑인 인권 운동의 지도자로 나서게 되었다.

　이 운동을 승리로 이끈 킹 목사는 이후 '남부 그리스도교도 지도회의SCLC'를 만들었고, 흑인이 백인과 동등한 시민권을 얻어내기 위한 '공민권 운동'을 전개해 나갔다. 또한 미국이 월남전을 시작하자 명분이 없는 전쟁에 젊은이들을 희생시킬 수 없다며 반전 운동을 벌이기도 하였다. 그의 인권 운동은 유럽에도 널리 알려졌으며, 1964년에는 노벨평화상을 받기에 이르렀다.

"나는 이 상을 인류의 미래에 대한 믿음을 가지고 받습니다. 현재 '이렇게 있다'는 것이 미래에 '이렇게 되어야만 한다'는 것을 막을 수는 없습니다."

그러나 킹 목사의 흑인 인권 운동은 한 암살자로 인해 말미암아 멈춰지게 되었다. 1968년 4월 4일, 흑인 청소부들의 파업 지원을 위해 테네시 주 멤피스 시에서 머물고 있던 중 킹 목사가 피살된 것이다. 3일 만에 범인으로 제임스 얼 레이(James Earl Ray : 1928~1998)가 체포되었으나, 그는 당초 범행을 자백했다가 번복하였다.

그러면서 자신은 '거대한 음모'의 희생양이라고 주장하였다. 그래서 현재까지도 킹 목사의 죽음에 관해서는 많은 소문이 있으며, 킹 목사 측의 페퍼 변호사는 베트남 전쟁을 반대하는 킹 목사를 막기 위해 미국 중앙 정보국CIA과 군부가 암살 사건을 계획했다고 주장하고 있다.

킹 목사의 암살에 흑인들은 격분하였다. 그들은 미국 전역 168개 도시에서 대규모의 폭동을 일으켰다. 이 폭동으로 46명이 사망하고, 2만 1,000여 명이 부상을 당했으며, 모두 2,600여 곳에서 화재가 발생하였다. 린든 존슨(Lyndon Johnson : 1906~1971) 미국 대통령도 미 연방정부 건물에 반기 게양을 지시하며, 그의 안타까운 죽음을 애도했다.

킹 목사는 1억 2,000만 명의 미국인이 TV로 지켜보는 가운데, 조지아 주 애틀랜타 묘지에 묻혔다.

* 1955년 12월 1일 '로자 파크스, 몽고메리 버스 보이콧에 불을 당기다' 참조

1949년 4월 4일

북대서양 조약 기구 창설

1949년 4월 4일 미국, 영국, 프랑스 등 12개국은 북미와 서유럽 간의 집단 방위 체제, 경제 협력 등을 내용으로 하는 북대서양 조약 기구(NATO : North Atlantic Treaty Organization)를 미국 워싱턴 국무성 강당에서 조인하였다.

제2차 세계 대전이 끝난 직후인 1945년 전후의 서유럽은 경제적, 정치적으로 취약한 상태에 놓여 있었다. 또한 서유럽 연합국들은 과도한 전쟁 수행으로 군사력마저 약화되어 있었다. 반면에 소련은 동유럽에 공산주의 세력을 확장시키기 시작하면서 서유럽을 위협하였다.

체제의 위협을 느낀 서유럽은 미국의 힘이 필요함을 느끼고 미국과 세력 확장을 위한 논의를 시작하였다. 그 결과, 북대서양 조약 기구가 탄생하게 되었다. 이로써 서유럽 연합군과 소련군의 전시 협조는 완전히 붕괴되었다.

NATO 조약 가운데 '가맹국에 대한 공격은 전 가맹국에 대한 공격으로 간주하고 집단 자위권을 발동한다.'는 조항이 있었는데, 이는 곧 NATO 군軍창설의 빌미가 됨으로써 냉전 체제에서 NATO는 서유럽의 자본주의를 지키는 군사 기구로 큰 힘을 발휘하였다.

이후 NATO는 소련의 몰락으로 냉전 체제가 해체되자 본래 목적인 소련에 대한 집단 안정 보장 성격의 군사 동맹에서 벗어나 유럽의 국제적 안정을 위한 정치 기구로의 변화를 시도하게 되었다.

2009년 현재 28개국이 NATO의 정식 회원국으로 가입되어 있다.

* 1999년 3월 24일 '북대서양 조약 기구, 코소보 공습 시작' 참조

1934년 4월 4일

야간 반사 장치 캣츠아이, 영국 도로에 설치

"캣츠아이는 모든 부분(단순함, 기능성, 아름다움)에서 위대한 디자인이다."

-제임스 메이

일명 캣츠아이Cat's eye라고도 불리는 도로표지병은 차선과 같이 페인트를 이용해 노면을 표시할 때 생기는 문제점을 보완하기 위해 만들어진 장치다. 도로표지병은 차선과 차선, 횡단보도와 차도, 인도와 차도 등을 구별하기 위해 사용되고 있으며 운전자들이 밤에 운전할 때 또는 비가 내릴 때 발생할 수 있는 위험을 크게 줄일 수 있다.

캣츠아이는 영국의 도로 보수 인부인 퍼시 쇼(Percy Shaw : 1890~1976)가 퇴근 중에 자동차 헤드램프의 빛이 도로 건너편 고양이의 눈에 반사되는 것을 보고 영감을 얻었다.

쇼는 밤에 불빛이 약한 도로에서 운전자들을 도와줄 수 있는 실용적인 방법을 생각해냈다. 그는 도로에 표식으로 박으면서도 도로를 밝히기에 충분히 밝은 장치를 생각해냈는데, 그 장치는 고무로 된 원형 지붕 안에 서로 반대 방향으로 두 개씩 총 네 개의 유리구슬이 위치한 구조로 이루어진 것이다. 차량이 원형 지붕 위로 지나가면 고무가 수축되어 고무 안에 있는 유리구슬이 도로 표면 아래로 내려가는 원리였다.

캣츠아이는 1934년 4월 4일부터 영국 전역의 도로에 설치되었다. 또

한 2001년에는 20세기의 가장 위대한 발명품으로 선정되었다.

1979년 4월 4일

파키스탄의 전 총리, 부토가 사형당하다

줄피카르 알리 부토(Zulfikar Ali Bhutto : 1928~1979)는 1928년 파키스탄의 라르나카에서 태어났다. 그는 영국 옥스퍼드 대학교에서 법학을 전공했고 1953년 귀국하여 법률사무소를 차렸다.

부토는 1958년부터 정치에 입문하여 1963년에 외무장관이 되었으며, 1967년에는 파키스탄 인민당을 만들었다. 이어 부토는 1971년 동파키스탄과의 전쟁에서 패배한 야히아 칸(Agha Mohammad Yahya Khan : 1917~1980)에 이어 대통령에 올랐다. 그는 1973년까지 대통령직을 수행하였고, 이후 1977년까지는 내각 책임제로 변경된 헌법에 따라 총리를 지냈다.

그러나 1977년 무하마드 지아 울 하크(Mohammad Ziaul Hag : 1924~1988) 장군이 일으킨 쿠데타로 실각하였고, 1979년 군부 정권 치하의 파키스탄 최고 재판소에서 국가반란죄로 사형을 언도받았다.

1979년 4월 4일, 지아 울 하크 파키스탄 대통령은 외국 국가 원수들의 잇단 구명 호소에도 불구하고 부토에 대한 사형 집행을 재가했다. 이에 따라 이날 전격적으로 부토에 대한 교수형이 집행되었다.

1983년 4월 4일

미국 우주왕복선 챌린저호 발사

미국의 두 번째 우주왕복선인 챌린저호가 1983년 4월 4일 첫 비행을 시작했다. 챌린저호 발사에 이어 디스커버리호와 아틀랜티스호가 잇따라 개발됐지만 미 항공 우주국의 우주 개척은 주로 챌린저호를 통해 이뤄졌다. 하지만 챌린저호는 1986년 1월 열 번째 항해에서 폭발하고 말았다.

3년간의 짧은 생이었지만 챌린저호는 우주 항해에서 적지 않은 진기록을 남겼다. 첫 항해에서는 미국 최초의 우주 유영 기록을 세웠고, 또 밤에 발사돼 밤에 도착한 첫 우주선이었다. 첫 흑인 우주인 및 첫 캐나다 우주인도 배출하였다.

그리고 미국 최초의 여성 우주인이 챌린저호에서 탄생하였다. 첫 비행이 이뤄진 지 2개월 뒤인 6월 18일의 두 번째 비행에서였다. 물리학자인 샐리 라이드(Sally Ride : 1951~)는 2개의 통신위성을 실은 챌린저호에 탑승해 미국 여성으로는 처음으로 지구 바깥세상을 구경했다.

첫 여성 우주인의 탄생은 냉전시대 우주 탐사 경쟁을 벌이던 옛 소련에 비해 20년이나 늦었지만 미국으로서는 자존심을 되찾는 계기가 됐다.

* 1965년 3월 19일 '소련 보스토크 2호, 인류 최초 우주 유영 성공' 참조

1944년 4월 4일

이탈리아 베수비오 화산 폭발

베수비오 산은 이탈리아 나폴리 인근에 있는 화산으로, 현재까지 활동하고 있는 활화산이다. 현재는 분출을 멈춘 상태이지만, 지난 100년 동안 섬을 제외한 유럽 본토에서 유일하게 화산 활동이 있었던 화산이다.

베수비오 화산의 분출은 약 1만 7,000여 년 전부터 시작되었으며, 79년 8월에는 화산 활동으로 인해 로마 제국의 폼페이와 헤르쿨라네움이 파괴되었다. 또 1631년에도 화산이 폭발해 1만 8,000여 명이 사망했다.

베수비오 화산은 이후에도 지속적으로 분출이 있었으며, 가장 최근에는 1944년 4월 4일에 폭발하였다. 이때 대용암류가 흘러넘쳐서 등산 전차가 황폐화되기는 했지만, 다행히 인명 피해는 없었다.

베수비오 화산은 현재도 인근에 300만 명에 달하는 사람이 살고 있어 세계에서 가장 위험한 화산 중에 하나로 여긴다.

* 79년 8월 24일 '베수비오 화산 대폭발로 폼페이 멸망' 참조

4월의
모든 역사

4월 5일

■
■
■

1976년 4월 5일

중국 제1차 천안문 사태가 일어나다

천안문 광장은 중국 베이징 시내 정중앙에 위치한 광장이다. 남북
길이 880m, 동서 폭 500m, 총 면적 44만m²의 규모로, 약 100만여
명이 동시에 모일 수 있다.

현재 양 측면에 국가 기관들이 자리할 정도로 넓어진 천안문 광장
은 원래 명나라 때인 1419년에 확장된 승천문 전면에 위치한 협소
한 광장이었다. 하지만 이후 여러 차례의 대규모 보수와 확장 공사
를 통하여, 오늘날 세계 최대 규모의 시내 광장이 되었다.

바로 이곳에서 대규모의 '천안문 사태'가 두 차례나 벌어져 중국 인
민들의 아픔과 분노를 표출하는 대표적인 장소로 자리매김하였다.

1976년 4월 4일, 중국 혁명 영웅을 기리는 청명절을 맞아 전국 각
지에서 약 20만여 명의 군중들이 베이징에 있는 천안문 광장에 모여
들었다. 지난 1월 8일 사망한 저우언라이(周恩來 : 1898~1976) 전 총
리를 애도하고 야오원위안(姚文元 : 1931~2005)을 비롯한 장칭(江青 :
1914~1991), 장춘차오(張春橋 : 1917~2005), 왕훙원(王洪文 : 1935~1992)
등 문화대혁명을 주도했던 정적 '4인방'을 규탄하기 위해서였다.

이는 저우언라이를 주자파(走資派 : 자본주의의 길을 걷는 자)로 몰아
격하하려는 극좌파에 대한 대중들의 자발적인 반발이었다.

그러나 5일 새벽 1시, '4인방'의 지시로 천안문 광장에 있던 시민 57
명이 체포됐다. 이들은 그동안 저우언라이를 기리며 '4인방'을 규탄하
는 연설을 하고 그들을 비난하는 대자보를 붙였던 사람들이었다.

이 일로 분노한 수만 명의 청년과 학생 들이 다시 천안문 광장에 모
여 항의 시위를 벌였다. 일부 흥분한 이들은 민병과 경찰 지휘부에 쳐
들어가 건물과 인근에 있는 자동차를 방화하는 등 난동을 일으키기도
하였다.

이에 대해 중국 당국은 수백 명의 비무장병을 동원, 베이징의 각 정
부 기관 경계에 들어갔다. 밤 9시 반이 되자 광장의 조명이 일제히 꺼
졌다가 다시 켜지는 것을 신호로 대기하고 있던 민병 1만 명과 공안 경
찰 3,000명, 인민해방군 부대가 곤봉과 혁대를 손에 쥐고 일제히 출동
했다.

베이징 광장에 있던 군중은 포위되면서 마구 얻어맞기 시작하였다.
군중은 차례차례 쓰러졌고, 잠시 후 상황이 종료됐을 때 광장 돌바닥
위에는 엄청난 양의 피가 낭자했다. 이것이 중국 전역과 전 세계에 큰
충격을 던져준 '천안문 사태'였다.

이날 몇 명이 죽었는지에 대해 정확히 알려진 바는 없다. 다만 베이징에서만 388명, 전국 각지에서 1,000명 이상이 체포된 것으로 전해졌다. 훗날 1989년의 '제2차 천안문 사태'와 구별하기 위해 이날의 비극을 '제1차 천안문 사태'라고 부른다.

* 1898년 3월 5일 '중국 최초 총리 저우런라이가 태어나다' 참조
* 1989년 6월 4일 '중국 제2차 천안문 사태 일어나다' 참조

—

1951년 4월 5일

미국 로젠버그 부부, 스파이 혐의로 사형 선고

—

1949년 8월, 소련은 원자폭탄 실험을 성공하였다. 이에 미국은 당분간 원폭을 독점하려 한 계획이 차질을 빚었기에 당혹감에 빠졌다.

이 와중에 미국의 원폭 개발 계획 '맨해턴 프로젝트Manhattan Project'에 참여했던 영국의 핵물리학자 클라우스 푹스(Klaus Fuchs : 1912~1988)가 소련에 원폭 기밀을 제공했다는 혐의로 1950년 2월 영국에서 체포됐다. 독일에서 나치스를 피해 영국으로 망명한 푹스는 8년간 소련의 스파이 노릇을 해왔다고 자백했다.

공범자 색출에 나선 미국도 첩보 요원 해리 골드(Harry Gold : 1910~1972)와 미국 로스알라모스 연구소에서 일하는 육군 중사 데이비드 그린글래스(David Greenglass : 1922~)를 용의자로 체포했다. 그린글래스는 자신의 매형인 줄리어스 로젠버그(Julius Rosenberg : 1918~1953)에게 핵 기밀을 제공했다고 실토했다. 줄리어스와 함께 그의 부인 에델 그

린글래스 로젠버그(Ethel Greenglass Rosenberg : 1915~1953)도 연행됐다.

핵 기밀이 이들 부부로부터 해리 골드를 거쳐 뉴욕 주재 소련 부영사에게 전달됐다는 혐의였다. 줄리어스는 한때 공산주의자로 활동한 전력으로 미군 통신대에서 실직한 전기기사였다.

1951년 3월에 시작된 재판은 냉전 고조와 매카시즘 선풍의 영향을 받은 탓에 신속하게 진행됐다. 1951년 4월 5일, 연방재판소는 범행을 계속 부인하는 로젠버그 부부에게 그린글래스의 증언만을 거의 유일한 근거로 삼아 사형 선고를 내렸다.

미국 연방 수사국FBI 존 에드거 후버(John Edgar Hoover : 1895~1972) 국장은 이 사건을 '세기의 범죄'라고 주장했다. 하지만 교황 비오 12세(Pius XII : 1876~1958)을 비롯한 알베르트 아인슈타인(Albert Einstein : 1879~1955), 버트런드 러셀(Bertrand Arthur William Russell : 1872~1870), 장 폴 사르트르(Jean-Paul Sartre : 1905~1980) 등 세계의 지성들은 드와이트 아이젠하워(Dwight David Eisenhower : 1890~1969) 미국 대통령에게 항의 서한을 보내며 구명 탄원 운동을 벌일 정도로 세계 여론은 들끓었다. 하지만 아이젠하워는 받아들이지 않았고, 1953년 6월 19일 로젠버그 부부는 뉴욕 주 싱싱형무소에서 사형에 처해졌다.

이 사건은 미국 역사상 평화시에 스파이 혐의로 민간인에게 사형을 집행한 첫 번째 사건이었다. 그래서 이 사건으로 인해 서방 세계가 들끓었지만 아직까지도 그 실체가 밝혀지지 않아 궁금증을 자아내고 있다.

1722년 4월 5일

네덜란드 해군 제독 야곱 로게벤, 이스터 섬 발견

오후 시계로 모래시계를 열 번째 쟀을 즈음, 앞에서 항해하던 아프라카
안쉬 갈레이호가 바람을 가르며 나아갔다. (중략) 육지가 보인다는 신호
를 보내고 있었다. 낮고 편평한 섬 하나가. 우리는 그 섬에 파슈 에일란트
Paasch Elyland라는 이름을 붙였다. 이 섬을 발견하고 찾아낸 날이 부활절 날
이었기 때문이다. 이스터 섬의 원주민들은 이 섬을 라파누이라 부르는데
커다란 땅이란 뜻이다.

-야곱 로게벤, 「항해일지」

1722년 4월 5일, 네덜란드의 해군 제독 야콥 로게벤(Jacob Roggeveen
: 1659~1729)이 섬 하나를 발견하였다. 이스터 섬의 원주민들이 라파누
이Rapa Nui라고 부르는 섬이었다.

이스터 섬은 칠레 남서부에서 3,700km 떨어진 남태평양의 폴리네시
아에 속한 작은 화산섬이다. 이 섬은 거대한 석상 모아이로 유명하다.
모아이는 이스터 섬의 원주민들이 세운 것으로, 11세부터 17세기까지
제작되었다. 일반적으로 3.5~5.5m에 이르는 모아이는 약 900여 개가
이스터 섬 곳곳에 놓여 있다. 보통은 무게가 20t 정도이나 큰 것은 90t
이나 나가는 것도 있다.

이렇게 커다란 모아이를 제작한 방법에 대해서 여러 가지 수많은 추
측들이 난무했지만 과학적으로 조사한 결과, 석상의 재질이 우리나라
제주도의 돌하르방과 같은 화산암이어서 조각하기가 쉬웠다는 사실이

밝혀졌다.

1794년 4월 5일

프랑스 혁명의 지도자 당통, 단두대에서 사형되다

"내 목을 민중에게 보여줘라. 그들에게 이런 기회가 매일 있는 것이 아니 니까." 당통의 이 한 마디가 떨어지자 단두대의 시퍼런 칼날이 떨어졌다. 프랑스 혁명을 이끈 35세의 당통은 이렇게 사라져 갔다.

인류 역사상 가장 영향력이 컸던 사건 중의 하나로 평가받고 있는 프 랑스 혁명이 1789년에 일어났다. 그러나 혁명은 안정과 평화를 가져온 것이 아니라 오히려 심각한 혼란만을 야기시켰다.

이때 왕실고문회의 변호사였던 조르주 자크 당통(Georges Jacques Danton : 1759~1794)은 급진적인 코르들리에 클럽과 온건한 자코뱅 클 럽 양쪽 모두에 가입하여 혁명 운동을 주도하였다. 그리고 1792년에는 법무장관이 되어 파리를 독일군의 위협에서 지켜냈고, 프랑스 혁명을 방해하려는 세력들을 몰아냈다. 하지만 당통은 막시밀리앙 로베스피에 르(Maximilien Robespierre : 1758~1794)를 중심으로 한 자코뱅파의 공포 정치에 환멸을 느끼기 시작하면서 점차 타협적인 모습을 보여주었다.

이것은 불안한 혁명기에 당통을 반대하는 세력에게 비난의 빌미가 되었다. 결국 당통은 1794년 4월 5일, 단두대로 걸어가야 했다.

1803년 4월 5일

베토벤의 교향곡 2번이 초연되다

루드비히 판 베토벤(Ludwig van Beethoven : 1770~1827)은 1802년, 그의 나이 32세에 교향곡 2번을 완성하였다. 이 곡이 작곡될 무렵은 귓병이 많이 악화된 상태였으며, '하일리겐시타트의 유서'를 쓸 정도로 베토벤의 생애에서 가장 비참한 시기였다.

하지만 가혹한 운명과 싸우면서 작곡된 것임에도 불구하고 교향곡 2번에는 절망적인 어두움 같은 것은 전혀 찾을 수 없고 전체적으로 밝음과 사랑의 기쁨이 넘쳐 흐른다.

외면적으로는 프란츠 요제프 하이든(Franz Joseph Haydn : 1732~1809)이나 볼프강 아마데우스 모차르트(Wolfgang Amadeus Mozart : 1756~1791)의 영향을 아직 벗어나지는 못하였지만 교향곡 1번에 비하면 음악적인 원숙함을 보여주고 있다는 평가를 받는다. 또한 이 곡은 고요한 환상과 안정감이 있는 구성 등으로 베토벤에게서만 느낄 수 있는 감미로움이 있다.

이 곡은 1803년 4월 5일 오스트리아 빈에 있는 한 극장에서 베토벤 자신의 지휘로 초연되었다.

* 1827년 3월 26일 '음악의 성인 베토벤 사망하다' 참조

4월의
모든 역사

4월 6일

1868년 4월 6일

메이지 천황, 5개조의 「고세이몬」을 발표하다

1. 널리 회의를 열어서 모든 정사가 공론에 의해서 결정되도록 한다.

2. 상하가 한 마음이 되어 정치를 실행하여 나간다.

3. 관리에서 서민에 이르기까지 그 뜻을 펴 나가되, 불만이 없도록 한다.

4. 과거의 잘못된 습관을 버리고, 보편타당한 이치에 따른다.

5. 세계에서 지식을 찾아 황국의 터전을 굳건히 한다.

-「고세이몬」5개조

일본의 메이지 천황(明治天皇 : 1852~1912)은 1868년 4월 6일, 5개조의 「고세이몬御誓文」을 공포하여 메이지 정부의 기본 방침을 제시하였다. 이를 통해 천황과 신민이 공동으로 서약한 통치의 기본 방향이 확정되었다. 이어 메이지 천황은 이듬해에 교토에서 도쿄로 천도하면서 메이지 유신을 이끌어 갔다.

메이지 유신은 일본의 전통적인 봉건 제도인 바쿠한幕藩 체제를 폐지하고 천황 중심의 통일 국가와 자본주의 체제를 수립해 가는 과정을 말한다. 일본은 메이지 유신을 성공적으로 이끌어 근대 아시아 국가 가운데 유일하게 서양 세력과 어깨를 나란히 할 수 있었다. 하지만 '일본 정신'을 강조한 천황 중심의 권위주의는 국민의 자유보다는 국가를 먼저 내세웠으며, 과거 무사 출신을 중심으로 한 개혁은 군국주의로 이어져 아시아의 여러 국가에 큰 피해를 주게 되었다.

일본인들이 '구로후네黑船'라고 부른 미국의 매슈 캘브레이스 페리(Matthew Calbraith Perry : 1794~ 1858) 제독의 배가 1853년 일본에 도착하자 일본은 커다란 혼란에 휩싸였다. 그 당시 일본을 이끌고 있던 도쿠가와 막부는 미국과 화친 조약 등을 맺어 일단 서양 세력과의 충돌은 피할 수 있었다.

하지만 한편에서는 서양 세력에 대항할 수 있는 강력한 정치 체제를 수립하고자 하는 세력이 등장하게 되었다. 특히 하층 무사 계급을 중심으로 막부를 몰아내고 상징적인 지위에 있던 천황을 정치의 중심 세력으로 하여 서양 세력을 물리치자는 존왕양이尊王攘夷 운동이 일어났다.

이 운동을 주도한 조슈 번長州藩은 1866년 사쓰마 번薩摩藩과 비밀 협약을 맺고, 이듬해 10월 막부의 쇼군인 도쿠가와 요시노부(德川慶喜 : 1837~1913)가 천황에게 정권을 반환하는 대정봉환大政奉還을 이루어냈다. 이로써 가마쿠라 막부 이래 675년 동안 계속 되었던 일본의 봉건 제도는 끝나고 천황을 중심으로 한 중앙집권적인 근대 국가인 메이지 정부가 탄생하게 되었다.

서양 세력을 막아내고 근대 국가를 성립해야 하는 책임을 맡은 메이지 정부는 1869년 판적봉환版籍奉還을 이끌었다. 판적봉환은 번주가 막부에게서 받은 판(토지)과 적(백성)을 천황에게 돌려준다는 것으로, 사쓰마 번, 조슈 번, 도사 번土佐藩, 히젠 번肥前藩을 다스리던 네 명의 번주가 모범을 보인 것이었다.

메이지 정부는 이어서 274개 번에도 판적봉환을 명령하였다. 하지만 판적봉환 후에는 다시 천황이 각 번주에게 번을 하사하였기 때문에 천황의 권위는 세울 수 있었지만 실제로 각 번의 세력들은 그대로 있었다.

그래서 중앙집권을 위해서는 번을 폐지하고 근대적인 지방제도를 만들어야 했다. 결국 메이지 정부는 1871년에 폐번치현廢藩置縣을 단행하였다. 폐번치현의 단행은 메이지 유신을 이끈 사이고 다카모리(西鄕隆盛 : 1828~1877)의 반발을 가져왔으나 곧 정부군에 의해 제압당하였다.

이후 메이지 정부는 봉건 사족이 누리던 특권을 폐지하고 사민평등을 선포하는 한편 부국강병을 위해 새로운 산업 시설에 과감한 투자를 하였다.

1930년 4월 6일

간디, 제2차 소금 행진 시작

인도의 모한다스 카람차드 간디(Mohandas Karamchand Gandhi : 1869~1948)는 서부 야마드바드에서 출발해 3주 동안 386km를 걸어 목적지인 서부 해안가 단디에 도착하였다. 1930년 3월 12일 '소금 행진'에 이은 제2차 소금 행진의 시작을 알리는 도착이었다.

다음 날, 간디가 소금세법이 금지하고 있는 해안에서 소금을 채취하자 지지자들도 그를 따라 항아리와 냄비에 염수를 담아 소금을 만들었다. 이는 식민지 권력에 정면으로 항거하는 상징적인 행위였다.

간디는 소금의 제조, 판매를 독점하려는 영국 식민지 정부를 규탄했고 사람들은 그런 간디의 호소에 귀를 기울였다. 간디가 천명한 '시민적 불복종'이 다시 인도인들의 가슴을 파고들었다.

간디의 제2차 '소금 행진'으로 인도 전역에 두 번째 불복종, 비협력 운동이 전개된 것이다. 영국 상품 불매, 시위와 행진, 파업이 전국을 휩쓸었다.

이 운동의 결과로 간디를 포함해 6만 명 이상이 투옥됐다. 감옥에서 간디는 힌두교의 불가촉천민에게도 일반인과 동일한 투표권을 주도록 운동을 전개했다. 도덕적이고 소박한 농촌 생활을 지향했던 간디의 이념과 실천은 시간과 공간을 넘어 1960년대 미국 흑인 인권 운동 등 사회 운동에 엄청난 영향을 미쳤다.

* 1930년 3월 12일 '간디, 소금 행진 시작' 참조

* 1948년 1월 30일 '인도 건국의 아버지 마하트마 간디 사망' 참조

—

1909년 4월 6일

미국의 탐험가 로버트 피어리, 북극점 도착

—

공식적으로 북극점에 최초로 도달한 사람은 미국의 탐험가인 피어리이다. 하지만 정말 피어리가 북극점에서 성조기를 휘날렸는지는 지금도 많은 의문이 남아 있다.

미국의 해군 장교이자 탐험가인 로버트 피어리(Robert Edwin Peary : 1856~1920)는 개썰매를 끌고 그린란드 북부에서 출발해 1909년 4월 6일 북극점에 도착하여 성조기를 꽂았다.

하지만 피어리는 커다란 논쟁에 휘말리게 된다. 로버트 피어리의 동료였던 프레드릭 쿡(Frederick Cook : 1865~1940)이 1908년 4월에 이미 북극점에 최초로 도달했다고 주장했기 때문이다. 당시 쿡은 북아메리카의 가장 높은 산인 매킨리 산을 정복해 영웅 대접을 받고 있었다. 하지만 쿡이 북극점에 도달하였을 때 찍은 것이라는 사진은 거짓으로 판명되어 그의 주장은 신뢰성을 잃고 말았다.

한편, 다른 주장도 있었다. 당시에 피어리가 북극점을 정확하게 계산할 수 없었다고 보는 것이다. 북극점은 나침반이 가리키는 자북磁北과 실제 지구의 북쪽 중심인 진북眞北 간에는 차이가 있는데, 특히 피어리가 나침반을 잃고 북극을 향해 일직선으로 걸어갔다는 주장에 따르면, 피어리는 자기가 어디에 있었는지 정확히 알 수 없었을 것이라는 주장

이다.

　이러한 논란에도 불구하고 피어리는 북극점 최초 도달자라는 위업을 인정받아 세계 지리학회로부터 20여 개의 메달을 받고 소장으로 승진하는 등 온갖 명예를 누렸다.

1830년 4월 6일

조지프 스미스 2세, 모르몬교 창시

　조지프 스미스 2세(Joseph Smith Jr. : 1805~1844)는 그의 추종자들과 함께 1830년 4월 6일 미국 뉴욕에 그리스도의 교회Church of Christ를 세워 모르몬교를 창시하였다.

　모르몬교는 1823년 조지프가 천사 모로라이의 부름을 받아 금판에 고대문자로 새겨진, 기원전 2200년부터 기원후 420년까지 고대 미美대륙 문명의 종교 역사를 번역한 「모르몬경Book of Mormon」을 주요 경전으로 채택하고 있으며, 정식 명칭은 밀알성도 예수 그리스도의 교회이다.

　조지프의 모르몬교는 보수적이고 청교도적인 생활습관, 직업적인 성직자가 없는 것을 특징으로 내세워 단기간 내에 강력한 교단을 이룩했지만 일부다처제 등의 특이한 교리와 강령 때문에 기존 기독교도들로부터 이단 취급을 당하였다.

　조지프가 죽은 뒤, 모르몬교는 브리검 영(Brigham Young : 1801~1877)을 후계자로 삼아 1847년 로키 산맥 너머 유타 주의 솔트레이크시티로 옮겨 정착하였고, 이곳에서 교세를 크게 확장하였다. 현재 미국 내 개신교 중에서 다섯 번째의 교세를 갖고 있다.

1896년 4월 6일

그리스 아테네, 제1회 근대 올림픽 대회 개최

프랑스의 교육자 피에르 쿠베르탱(Pierre de Coubertin : 1863~1937) 남작의 노력으로 제1회 근대 올림픽이 1896년 4월 6일 아테네에서 열렸다.

프로이센과의 전쟁에서 패배한 조국을 재건하기 위하여 교육 개혁을 주장하던 쿠베르탱은 육체와 정신의 조화를 지향한 고대 그리스 체육에 매혹되어 1894년 국제올림픽위원회ioc를 창설하였다.

IOC 창설 후 쿠베르탱이 맨처음 한 일은 그리스 정부에 올림픽 개최 여부를 타진하는 것이었다. 그러나 당시 그리스는 재정이 넉넉하지 못했던 터라 냉담한 반응을 보였다.

그래서 쿠베르탱은 알렉산드리아 출신의 부유한 그리스인인 조지 애버러프(George Averoff : 1815~1899)를 찾아가 100만 드라크마의 기부금을 내줄 것을 부탁하였다. 이렇게 충당된 기부금으로 6만 명을 수용할 수 있는 경기장을 짓고 나서야 쿠베르탱은 가까스로 대회를 개최할 수 있었다.

제1회 올림픽 대회에는 3대륙의 13개국, 3,000여 명의 선수가 10경기, 43개 종목에 참여하였다. 첫 번째 금메달은 미국의 하버드 대학교 재학생이었던 제임스 코널리가 3단 뛰기에서 13.71m의 기록을 내면서 차지하였다. 개최국 그리스 또한 양치기 출신의 루이스가 마라톤에서 우승함으로써 처음과는 달리 축제의 분위기로 후끈 달아올랐다.

* 1863년 1월 1일 '근대 올림픽 창시자 쿠베르탱 출생' 참조

4월의
모든 역사

4월 7일

■
·
■

2004년 4월 7일

일본 후쿠오카 법원,
고이즈미 총리 야스쿠니 참배 첫 위헌 판결

"고이즈미 총리의 야스쿠니 신사 참배는 종교 법인인 야스쿠니에서 '내각 총리대신' 자격으로 행한 종교적 활동이다. 따라서 국가의 종교적 활동을 금지한 헌법 20조 3항을 위반한 것이다."

-가메가와 기요나가

2004년 4월 7일, 일본 후쿠오카 지방 법원의 가메가와 기요나가 재판장은 재일 한국인과 규슈, 야마구치 시민 등 211명이 "고이즈미 준이치로(小泉純一郎 : 1942~) 일본 총리의 야스쿠니 신사 참배로 인해 정신적인 피해를 받았다."며 국가와 고이즈미 총리를 상대로 낸 위자료 청구 소송에서 "고이즈미 총리의 야스쿠니 신사 참배 행위는 정교분리를 규정한 헌법 위반이다."라는 판결을 내렸다.

고이즈미는 총리가 되기 전, 선거공약으로 야스쿠니 신사를 1년에 한 번씩 참배하겠다고 공언하였다. 그리고 2001년 8월 총리가 된 이후 고이즈미는 야스쿠니 신사를 참배하기 시작하였다.

이때 방명록에 '개인 자격'이 아닌 '내각 총리대신'으로 서명함으로써 신사 참배의 공사公私 성격 문제가 논란이 됐다. 이에 일본 정부는 고이즈미 총리의 '사적 참배'였다는 입장을 표명했다.

그렇지만 이후에도 고이즈미는 여러 차례 '내각 총리대신' 자격으로 야스쿠니 신사를 참배하여 우리나라와 중국 등이 거세게 항의하는 등 주변국과의 외교 문제로 비화되기도 하였다. 이런 국내외의 비판에도 불구하고 고이즈미는 법원의 판결 이후인 2006년 8월 15일 일본의 종전기념일에도 야스쿠니 신사 참배를 강행했다.

'평화로운 나라'라는 뜻을 지닌 야스쿠니 신사는 1853년 일본의 개항 이후 청일 전쟁, 러일 전쟁, 만주 사변, 제2차 세계 대전 등 일본이 벌인 주요 전쟁에서 숨진 246만여 명을 신격화해 제사를 지내는 곳이다.

야스쿠니 신사는 제2차 세계 대전 때까지는 구舊 일본 황실이 경비를 부담하는 특별 관폐 신사로서 국가 신도神道를 상징하고 군국주의 확대 정책을 종교적으로 뒷받침하는 역할을 했으나 전쟁 후 국영 신사제가 폐지되면서 민간 종교 법인의 성격을 띠고 있다.

한편 법원의 판결 이후 장관과 차관 등 일본 정부 대표들이 공식적으로 야스쿠니 신사를 참배하는 일은 없어졌지만 '야스쿠니 신사를 참배하는 국회의원 모임' 소속의 국회의원들과 우익 단체들은 매년 춘·추계 대제와 8월 15일 종전 기념일에 야스쿠니 신사를 참배하고 있다.

1948년 4월 7일

세계 보건 기구 창설

국제연합UN의 특별 기구로, 공중 보건의 질적 향상을 국제적으로 협력·촉진하기 위해 1948년 4월 7일에 세계 보건 기구(WHO : World Health Organization)가 창설되었다.

WHO는 설립과 동시에 1923년에 설립된 국제연맹 산하의 보건 기구와 1909년 파리에 설립된 국제 공중 보건 사무소의 전염병 통제, 격리 조치, 약물 표준화에 관련된 특수한 업무를 계승함으로써 공중 보건과 관련한 권한을 폭넓게 행사하고 있다. 또한 중앙 검역소 업무와 연구 자료 제공, 유행병 및 전염병에 대한 대책 후원 등의 업무를 추진한다.

WHO는 세계 보건 총회, 집행 위원회, 사무국 등 3개 주요 기관에 의해 운영되며, 전 세계 대부분의 나라가 회원국으로 가입되어 있고, 스위스 제네바에 본부를 두고 있다.

1946년 세계 보건 회의에서 채택한 세계 보건 기구 헌장에 따르면, 건강은 단지 질병에 걸리지 않거나 허약하지 않은 상태뿐만 아니라, 육체적, 정신적, 사회적으로 온전히 행복한 상태를 말한다.

따라서 세계 보건 기구는 모든 사람들이 가능한 한 최상의 건강 수준에 도달하도록 하고자 노력하고 있다.

—

1953년 4월 7일

다그 함마르셸드, 제2대 국제연합 사무총장 피선

—

"세계 평화와 진보를 위하여 헌신적으로 국제연합 기구를 지도하겠다."

-다그 함마르셸드

1953년 4월 7일 다그 함마르셸드(Dag Hammarskjold : 1905~1961)가 노르웨이의 트리그베 리(Trygve Halvdan Lie : 1896~1968) 초대 국제연합UN 사무총장의 뒤를 이어 임기 5년의 제2대 UN 사무총장으로 취임했다.

함마르셸드의 취임은 소련과 서방이 서로 교착 상태를 해소하기 위해 한국 전쟁의 휴전 협상 이후 최초로 서로 합의하여 선출한 UN 사무총장이라는 데 의의가 있다.

함마르셸드는 1905년 스웨덴에서 태어나, 웁살라 대학교에서 경제학 박사 학위를 받았다. 그 후 스웨덴 경제 관련 요직과 외무부 장관을 거쳐 1951년 UN 총회에서 스웨덴 대표단의 부단장으로 UN에 입성했다.

그는 강대국들이 예상한 조용한 행정가 유형을 벗어나 강력한 리더십을 바탕으로 사무총장직을 적극적으로 수행했다. 그래서 역대 사무총장 가운데 가장 훌륭한 사무총장이었다는 평가를 받고 있으며, 이러한 창조적이고 적극적인 사무총장 역할을 수행한 함마르셸드는 후대 사무총장들에게 본이 되고 있다.

국제사회에 분쟁이 일어날 때마다 세계 언론들이 앞장서 "다그에게 맡겨라.Let it to Dag"라고 촉구할 정도로 함마르셸드는 국제사회의 신임을 얻었다. 냉전의 한복판에서 사무총장직을 수행했음에도 함마르셸드는 강대국 사이에서 균형추의 역할을 훌륭히 수행했던 것으로 평가된다.

함마르셸드의 이 같은 적극적 행보로 인해 UN이 평화와 안전의 공백을 채울 수 있는 법적 기구로 자리매김할 수 있었다.

1956년 수에즈 운하 사태가 발생했을 때에는 함마르셸드는 UN 헌장의 원칙에 입각한 평화 유지 노력을 관철하기 위해 최초로 유엔 평화유지군(UNEF : United Nations Emergency Force)을 이집트에 파견하였다. 또한 1958년 레바논-요르단 위기에서도 지도력을 발휘했다.

그리고 1960년 6월 30일 벨기에의 지배하에 남아 있던 콩고가 '콩고공화국'으로 독립하면서 내전이 발생하자 내전을 종식시키기 위해 UN군軍을 파견했다.

함마르셸드는 1961년 9월 18일 콩고 분쟁 조정을 위해 콩고령 카탕카 지역의 모이즈 촘베(Moise Tshombe : 1919~1969) 대통령에게 평화사절로 가던 중 비행기 추락사고로 사망했다.

이런 그의 업적을 기려 노벨 위원회는 1961년 최초로 함마르셸드에게 사후 노벨 평화상을 수여했다.

4월의
모든 역사

4월 8일

■
.
■

1947년 4월 8일

앨프레드 킨제이, 킨제이 성 연구소를 설립하다

"다윈의 진화론 이래 이보다 더 충격적인 과학서는 없었다."

-『뉴스위크』

1947년 4월 8일 앨프레드 킨제이(Alfred Kinsey : 1894~1956)는 자신의 이름을 딴 킨제이 성性 연구소Kinsey Institute를 설립하였다. 원래 나방을 연구하던 곤충학자였던 킨제이 박사는 1938년 인디애나 대학교에서 결혼에 대한 강좌를 맡아달라는 부탁을 받고 강의 준비를 하던 중 인간의 성생활에 대한 연구 자료가 턱없이 부족함을 알게 되었다.

이후 그는 성性 연구소를 설립하고 인간의 성생활에 대해 적극적으로 연구하기 시작하였다. 그러고 나서 그 유명한 '킨제이 보고서'를 발표하였다. 킨제이 보고서는 인간의 성생활을 적나라하게 드러낸 연구서이다. 1948년에 『남성의 성적 행동』을, 5년 뒤인 1953년에 『여성의 성적 행동』을 각각 출간하였다.

미국 전역에 걸쳐 1만 8,000명을 인터뷰한 결과를 토대로 한 킨제이 보고서는 미국 남성의 92%, 여자의 62%가 자위 행위를 즐기고 있으며 동성애를 한 번 이상 경험한 남성이 37%, 여성이 19%에 이르고 있다고 밝혔다. 여성의 혼전관계(50%)와 혼외정사(26%)도 통계로 들춰냈다.

보고서가 발표되자, 미국이 발칵 뒤집혔다. 1950년대 미국은 보수적이었다. 성에 대해 완고했을 뿐만 아니라, 여성의 오르가슴을 경멸하고 순결을 강조하던 사회였다. 또한 자위 행위와 동성애를 죄악시했다.

미국 여성 운동가 글로리아 스타이넘(Gloria Steinem : 1934~)은 킨제이 보고서가 여성의 성해방을 위한 '권리장전'이라고 평가했다. 반면 문화인류학자인 마거릿 미드(Margaret Mead : 1901~1978)는 "무지와 지식의 형평을 무너뜨려 사회불안을 초래했다."고 비난했다.

보고서 출간 후 60여 년이 흐른 오늘날, 세계의학회는 동성애를 정신질환 목록에서 제외했다. 당시 만병의 근원이라고 쉬쉬했던 자위 행위는 여성의 불감증 치료를 위해 버젓이 시술되고 있다. 아날이나 오럴

섹스도 도착이나 변태의 굴레에서 벗어났다.

그래서 지금은 "상호 동의 아래 이뤄지는 성행위는 다른 사람에게 피해를 주지 않는 한 최대한 관용해야 한다."는 것이 현대 성의학의 기본 입장이 되었다.

* **1948년 1월 7일 '킨제이 보고서, 『인간 남성의 성적 행동』 출판' 참조**

1895년 4월 8일

노르웨이 탐험가 난센, 지구 최북단 도착

1895년 4월 8일, 영하의 추위에도 썰매를 끄는 개들의 입에선 뜨거운 숨이 쉴 새 없이 뿜어져 나왔다. 끝이 보이지 않는 빙판 위에서 노르웨이의 탐험가 프리드쇼프 난센(Fridtjof Nansen : 1861~1930)은 나침반과 지도를 꺼내 들었다. 북위 86도 14분. 마침내 난센과 그의 동료들은 그때까지 인간이 도달하지 못했던 지구의 가장 북쪽에 서 있었다.

1861년 노르웨이 오슬로 근교에서 태어난 난센은 스키 실력이 뛰어나고 동식물에 관심이 많은 소년이었다. 동물학자가 되려던 그의 꿈은 21세에 답사 차 바다표범잡이 어선에 타면서 바뀌게 된다. 그린란드의 광활한 만년설을 횡단하겠다는 꿈을 품은 난센은 6년 뒤 동료들과 함께 52일간 썰매를 타고 이 땅을 동서로 가로질렀다. 그는 사람이 살지 않는 곳에서 출발해 무조건 앞으로 나아갈 수밖에 없는 극단적인 전략을 택했다. 탐험이 끝난 뒤에는 에스키모들과 함께 지내며 에스키모의 생활방식에 대한 최초의 연구서도 썼다.

2년 뒤인 1890년 그는 더 위험한 탐험 계획을 노르웨이 지리학회에 제출했다. 배를 빙하에 얼어붙게 한 뒤 해류와 빙하의 움직임에 따라 북극을 횡단하겠다는 것이었다. 그는 얼어붙어도 부서지지 않는 배 '프람호'를 직접 설계했다. 프람은 노르웨이어로 '전진'이란 뜻이다.

많은 반대를 물리치고 1893년 6월 프람호는 돛을 올렸다. 그러고는 시베리아 동쪽에서 얼어붙어 북극으로 향했다. 1895년 3월 배에서 내린 난센은 한 달간 썰매 여행을 계속한 끝에 당시로선 인간이 갈 수 있었던 지구의 최북단에 도착했다. 이후 서쪽으로 가려다 표류했고 1년간 북극곰과 바다코끼리를 잡아먹으며 연명하다 구조돼 3년 3개월 만에 노르웨이로 돌아왔다.

이미 '국민 영웅'이 된 난센은 현실에 안주하지 않았다. 동물학과 해양학, 탐험사에 관련된 논문과 연구서를 끊임없이 발간했고, 뛰어난 외교력으로 노르웨이가 스웨덴의 지배에서 벗어나는 데 기여했다.

난센은 1920년 국제연맹의 난민고등판무관으로 임명돼 제1차 세계대전으로 억류된 42만 명의 전쟁포로를 송환했다. 또 난민 신분증명서인 '난센 여권'을 도입해 러시아 혁명 당시의 난민들을 도왔다.

그는 1922년 노벨 평화상을 받았고, 유엔은 그의 인도주의적 업적을 기려 '난센상'을 제정했다. 전 분야에 걸친 그의 도전 정신은 다음과 같은 말에 녹아 있다.

"인류가 더 나은 미래를 진실로 바란다면 가장 먼저 용기를 가져야 하며, 공포에 지배당하지 않아야 한다."

1742년 4월 8일

헨델, 오라토리오 「메시아」 초연

1742년 4월 8일, 더블린에서 독일의 작곡가 조지 프리드릭 헨델 (George Frideric Handel : 1685~1759)이 작곡한 오라토리오 「메시아 messiah」가 초연되었다.

「메시아」는 모든 사람들에게 그리스도교적인 신앙의 정수精髓를 순수하고도 감동 깊게 전해 주는 명작이다. 헨델은 종교적 감동을 주는 서정적 표현에 뛰어났고, 오페라 작품 속에 축적한 선명한 이미지를 환기시켜 그것을 드라마틱하게 구사하는 능력이 탁월하였다.

오라토리오란 종교적인 제재를 극적으로 다루어 독창, 합창, 관현악에 의해 상연되는 성악곡의 형식을 말하는데, 「메시아」는 헨델의 수많은 오라토리오 중에서도 최고의 걸작이며, 오페라에서 실패하고 오라토리오로 전향한 그가 승리를 확정한 작품이기도 하다.

「메시아」의 영국 런던 초연은 더블린 공연 이듬해인 1743년 이루어졌는데, 참석한 조지 2세(George Ⅱ : 1683~1760)가 「할렐루야 코러스」부분에서 몹시 감동하여 기립했다고 하는 유명한 일화가 있다. 그래서 오늘날에도 그 대목에서는 전원이 기립하는 습관이 남아 있다.

* 1685년 2월 23일 '독일 작곡가 헨델 출생' 참조

1820년 4월 8일

그리스 에게 해의 섬 밀로에서 비너스 상 발견

그리스 에게 해의 작은 섬 밀로에서 이요르고라는 농부가 아들과 함께 밭을 갈고 있었다. 농부는 손길이 닿는 대로 작은 나무들을 뿌리째 뽑아냈다. 밭 주위에는 오래된 토기 조각들이 발에 채이고 있었다. 무심히 나무를 뽑아내던 농부는 한순간 멈칫했다.

이요르고는 뿌리가 있던 자리 밑으로 커다란 구멍이 뚫려 있는 것을 보았다. 그는 엎드려 구멍 속을 보곤, 괭이를 들고 계속 파보기로 했다. 구멍은 동굴과 이어져 있었고 그 안에서 조각상 하나를 발견했다. 자신의 키보다 조금 커 보였다. 조각상의 두 팔은 제대로 남아 있지 않았으나, 배꼽 아랫부분만이 가려진 반라의 여인상은 신비한 모습을 띠고 있었다.

이요르고는 자신의 밭과 멀지 않은 곳에 옛날부터 아프로디테 여신의 신전이라고 불리던 곳이 있음을 상기하고, 이 물건이 범상치 않다고 생각했다. 그래서 결국 이요르고는 마을 사람들에게 이 사실을 알렸고, 이 소식은 프랑스의 대리 영사에게도 알려졌다. 1820년 4월 8일의 일이었다.

영사가 그 조각품을 사려고 하자 이요르고는 무려 2만 5,000프랑을 요구했다. 영사는 쉽게 결정을 내리지 못했다. 영사는 섬에 머물고 있던 프랑스 군함으로 찾아갔는데, 때마침 그리스 미술에 조예가 깊은 소위가 있었다. 소위는 그 반라의 여인상이 고대 그리스의 대표적인 조각상 중 하나인 비너스 상이라고 말하면서 빨리 구입하라고 재촉했다.

하지만 당시 그리스는 터키의 식민지였기 때문에 비너스 상 발견 소식을 들은 터키 정부는 터키로 가져올 것을 명령했다. 결국 프랑스와 터키 사이에 비너스 상을 둘러싼 전투가 벌어졌고, 승리한 프랑스의 군인들은 비너스 상을 파리의 루이 18세(Louis XVIII : 1755~1824)에게 바쳤다.

미술사학자들은 밀로의 비너스 상을 헬레니즘 시대인 기원전 1세기 초기의 작품으로 이해하고 있다. 언뜻 그리스 고전기인 기원전 4세기의 작품과 비슷한 인상을 주기도 하지만, 이것은 지나치게 사실주의로 흐르던 헬레니즘 양식에 대한 반발로, 고전 양식을 부활시키려는 당시의 미술 풍조 속에서 나온 것으로 추정되었다.

한편 없어진 팔은 과연 어떤 모양이었을까. 그리스 · 로마 미술에서 비너스 상을 주제로 한 그림이나 조각상들을 참고한다면, 아마 오른손은 왼쪽 다리까지 내려왔을 것이고, 왼손은 앞으로 내밀고 그 위에 비너스를 상징하는 사과가 놓여 있었을 것이다.

1974년 4월 8일

야구 선수 행크 아론,
715번째 홈런으로 세계신기록 달성

미국의 프로야구 선수 행크 아론(Hank Aaron : 1934~)이 1974년 4월 8일 애틀랜타 구장에서 벌어진 LA 다저스와의 경기에서 715번째 홈런을 날려 홈런 부문 세계신기록을 달성했다.

아론은 종전에 베이브 루스(George Herman Ruth: 1895~1948)가 갖고

있던 세계신기록 714호와 같은 기록을 낸 4월 4일 이후 4일 만에 신기
록을 수립했다.

아론은 1934년 미국 앨라바마 주의 가난한 흑인가에서 태어나 17세
에 야구 선수 생활을 시작했다. 1954년 미국 메이저리그에 데뷔한 그는
1956년 처음으로 리그 타격왕을 거머쥐며 화려한 선수 생활을 하였다.

이후 아론은 계속해서 기록을 경신하여 755개의 홈런 기록을 세우고
1976년에 은퇴했다.

아론의 755개 홈런은 1977년 일본의 왕정치 선수에 의해 경신됐다.

* **1895년 2월 6일 '미국 프로 야구 선수 베이브 루스 출생' 참조**
* **1980년 10월 12일 '왕정치, 홈런 868개로 세계신기록 수립' 참조**

—

217년 4월 8일

로마 황제 카라칼라 암살당하다

—

217년 4월 8일, 파르티아 원정 중에 로마 황제 카라칼라가 황제 자
리를 호시탐탐 노리던 근위장관 마크리누스(Marcus Opellius Macrinus :
164?~218)에게 암살당했다.

로마의 공동통치자였던 동생 푸블리우스 셉티미우스 게타(Publius
Septimius Geta : 189~211)를 살해하고 유일한 황제가 된 카라칼라의 실
제 이름은 마르쿠스 아우렐리우스 세베루스 안토니누스(Marcus Aurelius
Severus Antoninus : 188~217)이다. 카라칼라는 자신이 즐겨 입던 켈트인
의 복장에서 나온 것이다.

황제가 된 그는 상속세의 수입을 늘리기 위해 로마제국 내 전체 자유민에게 로마 시민권을 나눠주었고, 대중에게 인기를 얻기 위해 길이가 114m나 되는 공동 목욕탕을 짓기도 했다. 그리고 병사들에 대한 지출 증대를 벌충하기 위해 세금을 올리고 화폐의 질을 낮추어 주조했다.

이 때문에 카라칼라는 사실상 로마 제국이 멸망하는 데 가장 큰 원인을 제공한 황제로 꼽힌다.

4월의
모든 역사

4월 9일

—

1865년 4월 9일

미국 남북 전쟁이 종식되다

—

미국의 남북 전쟁이 한창일 때였다.

링컨 대통령은 스탠튼 국방장관을 대동하고 스콧 장군의 후임으로 북부군 사령관에 임명된 매클렐런 장군을 격려하기 위해 그의 야전 사령부를 방문했다.

전장에서 돌아온 매클렐런 장군은 대통령과 국방장관을 본 체 만 체하면서 그냥 2층에 있는 자기 방으로 올라가 버렸다. 링컨과 스탠튼은 화가 났지만 매클렐런이 곧 내려오리라 생각하고 다시 의자에 앉아서 그를 기다렸다.

그렇지만 오랫동안 기다려도 매클렐런은 나타나지 않았다. 한참 후에야 하녀가 나타나더니 "장군께서는 너무 피곤해서 그냥 잠자리에 드신다고 대통령께 말씀드리라고 이르셨습니다." 라고 말하였다.

일개 장군이 직속상관인 자기는 고사하고 대통령까지 무시하는 것에 분개한 스탠튼은 링컨에게 매클렐런을 당장 직위 해제시킬 것을 건의했다. 그러자 링컨은 잠시 침묵을 지키더니 다음과 같이 말했다.

"아니오, 매클렐런 장군은 우리가 이 전쟁을 이기는 데 꼭 필요한 사람이오. 장군 때문에 단 한 시간이라도 이 유혈 전투가 단축될 수 있다면 나는 기꺼이 그의 말고삐를 잡아주고 그의 군화도 닦아 줄 것이오. 나는 그를 위해서라면 무슨 일이든 다 해줄 것이오."

에이브러햄 링컨(Abraham Lincoln : 1809~1865)이 1861년에 미합중국 제16대 대통령으로 당선되었다. 이에 미국 남부 지역은 불만을 품고 미합중국에서 분립을 선언하였다.

미국의 북부와 남부는 식민지 건설 때부터 종교와 경제 등을 달리하여 늘 갈등 상황이 존재하였다. 북부는 서유럽과 북유럽의 이민을 받아들여 혼합 인종의 새로운 미국 민족을 형성한 데 반해 남부는 여전히 보수적이며 영국의 전통을 고수하고 있었다.

식민지 시대에 아프리카에서 수입한 흑인 노예 제도는, 미국 독립 전쟁 때 펜실베이니아 이북의 여러 주에서는 폐지되었으나 메릴랜드 이남의 여러 주에서는 존속하였다.

특히 독립 전쟁 후 남부에서 면화 재배가 시작되자 노예 제도는 남부 경제에 빼놓을 수 없는 것이 되어, 흑인 노예와 백인 고용인은 증가일로에 있었다. 1808년 이후 노예의 수입이 금지되었음에도 불구하고 남부에서는 여전히 노예 매매가 성행하여 북부의 인도주의자로부터 강력한 비난을 받았다.

특히 영국 산업 혁명의 완성으로 목화 수요가 급증하면서 면화는 남부에서 가장 이익이 많은 농산물이 되었고, 이에 따라 노예 제도는 움직일 수 없는 것이 되었다. 이 노예 제도를 인정하느냐, 안하느냐 하는 권한은 대통령이나 연방의회에 있는 것이 아니라 주州의 권한이었다.

북부에서는 이 이상 노예주州가 증가하는 것을 저지하려 하였으나 남부에서는 새로 만들어지는 서부의 주에도 노예 제도를 확장하려 하였다. 1820년 노예 제도를 인정하는 미주리 주가 새로이 합중국의 주가 되려고 하였을 때, 노예 제도는 비로소 정치 문제로 등장하였다.

결국 미주리 협정을 맺어 미주리 주를 노예주로서 인정하고 가입시

키는 동시에 북부에는 새로운 자유주로서 메인 주의 가입을 인정함으
로써 남북의 균형을 유지하였고, 이후의 주 편입에 대하여는 미주리 주
의 남쪽 경계 북위 36도 30분 이북에는 노예주의 신설을 인정하지 않
기로 하였다.

그러나 1848년 멕시코 전쟁의 결과로 캘리포니아와 뉴멕시코 지방
이 새로이 합중국 영토가 되자 이 지역에 노예제를 인정할 것이냐의 여
부가 문제되었다.

이에 1850년 남부와 북부는 재차 다음과 같이 타협하였다.

① 캘리포니아 주를 자유주로 한다.
② 워싱턴에서는 노예 매매를 금지한다.
③ 새로운 영토에 대하여는 노예 제도의 존폐를 결정하지 않고 준주准州로
　한다.
④ 도망노예법을 강화한다.

하지만 1854년 캔자스네브래스카 법이 통과되면서 1820년에 맺은 미
주리 협정에 의해 당연히 자유주가 되어야 할 캔자스 주가 노예주로 편
입됨으로써 1850년에 맺은 남부와 북부의 협의는 사실상 파기되고 말
았다.

북부의 노예 반대론자들은 공화당을 조직하여 남부와 대항하였다.
링컨도 공화당에 가입하였다. 그러나 링컨의 입장은 인도주의적 견지
에서 궁극적으로는 노예 제도에 반대한다는 것이었으며, 그 본질은 연
방 헌법을 수호하고 미국 민주주의를 유지하는 데 있었다.

남부에서는 주州는 국가보다 먼저 이루어졌고 연방 헌법은 주와 주

사이의 계약에 불과하므로 합중국의 어떤 주든지 불만이 있으면 합중
국에서 탈퇴할 수 있다고 주장하였다.

그러나 링컨을 비롯한 북부의 공화당은 연방헌법 전문前文에 "우리들
합중국의 인민은… 이 헌법을 제정하고 확립한다."고 되어 있어 헌법은
인민 상호간의 계약이므로 주가 탈퇴한다는 것은 위법이라는 해석을
내렸다.

남북 전쟁은 이러한 의미에서 근원적으로는 서로 헌법상의 해석을
달리함으로써 비롯된 싸움이었다. 남북 전쟁은 전쟁 초기에 남부에 유
리하게 진행되었으나, 1863년 7월 게티스버그 전투에서 북군이 승리함
으로써 전세는 바뀌게 되었다.

결국 북부의 율리시스 심슨 그랜트(Ulysses Simpson Grant : 1822~
1885) 장군이 남부의 수도 리치몬드를 함락하고 남부의 로버트 에드워
드 리(Robert Edward Lee : 1807~1870) 장군이 항복함으로써 1865년 4월
9일, 5년 간의 내전이 끝나게 되었다.

이 싸움이 북부, 즉 합중국의 승리로 끝남으로써 종래 남부가 주장하
여온 주권론州權論을 굴복시키고 헌법이 지니는 미국 민주주의를 수호하
였다. 수정헌법 제13조에 의한 노예 해방(1865), 제14조에 의한 시민권
보장(1867), 제15조에 의한 투표권 부여(1870) 등으로, 비로소 모든 흑
인 노예도 법적으로는 노예 신분에서 해방되었다.

* 1809년 2월 12일 '미국 16대 대통령 에이브러햄 링컨 출생' 참조
* 1863년 1월 1일 '링컨 대통령, 노예 해방 선언문 발표' 참조

1927년 4월 9일

최악의 사법 살인, 사코와 반제티 사형 선고

1920년 4월 미국 보스턴 근교의 한 제화 회사에서 경리 직원과 경비가 살해되고 1만 6,000달러가 털리는 살인 강도 사건이 발생하자, 제화공 니콜라 사코(Nicola Sacco, 1891~1927)와 생선 장수 바르톨로메오 반제티(Bartolomeo Vanzenti : 1888~1927)가 용의자로 체포되었다.

경찰은 명확한 물적 증거도 없이 두 사람이 이탈리아에서 온 이민자이고 제1차 세계 대전 참전을 거부했던 아나키스트(무정부주의자)라는 사실에 주목하여 두 사람을 범인으로 몰고 갔다.

전후 불경기와 과격해진 노사분규, 이에 따른 사회 불안을 과격분자와 공산주의자에게 전가하려는 당시의 사회 분위기에 편승한 것이었다.

1921년 7월 14일, 두 사람에게 사형 판결이 내려졌다. 이에 전 세계가 불공정한 재판에 분노를 표시했다. 파리에서는 미국 대사의 집이 파괴되고 구명 운동을 벌이던 데모대에 폭탄이 터져 20명이 숨지는 사고가 발생하기도 했다.

시인 아나톨 프랑스(Anatole France : 1844~1924)와 핵물리학자 알베르트 아인슈타인(Albert Einstein : 1879~1955) 등 세계 지성인들도 나서 '최악의 사법 살인'이라며 항의하자 메사추세츠 주지사는 사형 집행을 연기하고 특별 위원회를 설치했다. 하지만 위원회가 내린 결론도 마찬가지였다.

1927년 4월 9일, 두 사람에게 사형이 최종적으로 선고됐다. 그해 8월 23일 전기의자에 앉아 죽음을 맞은 두 사람의 무죄가 공식 확인된 것은 1977년 메사추세츠 주지사가 이들의 무고를 인정하면서였다.

둘은 그림과 노래로도 명예가 회복됐다. 화가 벤 샨(Ben Shahn, 1898~1969) 이 그린 「사코와 반제티의 수난」과 미국의 현실 참여 가수 홀리 니어(Holly Near : 1949~)가 부른 「누가 이들을 기억하랴?」가 그것이다.

1992년 4월 9일

알바니아 첫 비공산계 대통령 살리 베리샤 선출

"나는 정치인이 되려고 한 적이 없으며, 알바니아를 민주주의 국가로 만들어야 한다는 시민적인 사명감에서 정치를 시작했다."

-살리 베리샤

알바니아 민주당 지도자 살리 라메 베리샤(Sali Ramë Berisha : 1944~)가 1992년 4월 9일 의회에서 알바니아 사상 최초의 비공산계 대통령으로 선출됐다. 베리샤는 대중정치에 천부적인 감각을 지닌 알바니아의 새로운 지도자였다.

원래 심장전문의였던 베리샤는 알바니아 민주 변혁의 시발점이 된 1990년 12월의 학생시위 때부터 정치 활동을 시작했다. 자생적인 학생시위를 전면적인 반反정부운동으로 탈바꿈시킨 그는 이어 최초의 야당인 민주당 창당을 주도했다.

그가 이끌고 있던 민주당은 1991년 3월 22일과 29일에 실시된 총선에서 사회당에 압승을 거두어 알바니아 노동당 서기장이었던 라미즈 알리아(Ramiz Tafë Alia : 1925~2011)를 권좌에서 물러나게 했다.

또한 베리샤는 1991년 9월 민주당 당수로 선출된 뒤에는 연립내각에서의 탈퇴를 결정하며 총선거를 이끌어내는 등 정치력을 과시했다.

베리샤는 뛰어난 선동력과 검소한 생활로 많은 지지를 받았으나 다소 독선적이라는 비판을 받기도 했다. 반면 추종세력들로부터는 국부國父로 칭송받으며 격동기의 지도자에게 필수적인 정확한 판단력과 뛰어난 대중정치적 감각을 겸비한 정직한 정치인으로 평가받았다.

1995년 4월 9일

페루의 후지모리 대통령, 재선 성공

알베르토 후지모리(Alberto Fujimori : 1938~)는 1938년 페루에서 출생한 일본계 페루인으로, 리마의 라모리나 국립농과대학을 수석으로 졸업하였다. 이후 프랑스 스트라스부르 대학교, 미국 위스콘신 대학교에서 각각 수학과 정치학을 공부했다. 귀국 후 모교 교수로 재직하다가 1984년에 페루국립 대학교 총장을 역임했다.

후지모리는 전국대학총장연합회 회장으로 뽑히면서 1989년에 정치에 들어와 이듬해인 1990년 대선에서 승리를 거둬 라틴아메리카에서 최초의 아시아 출신 대통령이 되었다.

후지모리는 대통령이 되어 8,000%까지 올라가던 인플레이션을 낮추고 페루의 게릴라 조직을 해산시키는 등 여러가지 개혁 과제를 잘 수행하여 1995년 4월 9일 선거에서도 승리해 재선에 성공하였다.

하지만 연이어 터진 부정 선거 의혹과 비리 사건으로 2000년 일본으로 도주하였다. 이후 2005년 칠레에서 체포되어 2010년 재판에서 25년 징역형을 선고받았다.

> * 1990년 7월 28일 '페루의 후지모리, 라틴아메리카 최초의 아시아 출신 대통령 취임' 참조

1991년 4월 9일

그루지야 공화국, 소련 연방에서 독립

흑해 동남쪽에 있는 인구 520만 명의 그루지야 공화국은 1936년 소련 연방에 편입되었다. 1990년 소련 연방이 붕괴되면서 자유선거를 실시하여 독립을 선언하고, 이듬해인 4월 9일 독립하였다.

연방 시절 소련의 외무장관이었던 예두아르트 셰바르드나제(Eduard Amvrosiyevich Shevardnadze : 1928~)가 1992년 3월에 그루지야의 국가평의회 의장이 되었고, 1998년에는 대통령으로 취임하였다.

4월의
모든 역사

4월 10일

1970년 4월 10일

폴 매카트니, 비틀스의 해체를 선언하다

"많은 사람들이 제가 비틀스를 해체시킨 것으로 알고 있지만 사실
은 그렇지 않습니다. 우리는 서로 음악적 취향이 달라서 너무 지쳐
있었고, 새로운 매니저인 클레인이 상의도 없이 많은 계약을 맺어
버려 더 이상 마음대로 움직일 수 없었죠. 결국 누군가는 이 사실을
발표해야 했죠. 그 역할을 제가 맡게 된 것입니다."

-폴 매카트니

유럽을 넘어 미국을 정복한 영국의 전설적인 록 그룹 비틀스는 대부분의 위대한 인물들과 같이 처음에는 보잘것없었다. 미국의 백밴드인 '귀뚜라미들The Crickets'에서 힌트를 얻은 것으로 알려진 '비트Beat 있는 4마리의 딱정벌레들'의 출발은 17세의 존 오노 레논(John Ono Lennon : 1940~1980)이 만든 그룹 쿼리맨The Quarrymen이었다.

그리고 1956년 존과 폴 매카트니(Paul McCartney : 1942~)가 역사적인 만남을 갖는다.

"줄무늬 셔츠를 입은 사람이 싸구려 기타를 메고 귀에 익은 록 음악을 연주하고 있었어요. 프로 연주자처럼 뛰어나진 않았지만 그런 대로 들을 만했고 멋도 있었죠. 한데 갑자기 그가 가사를 잊어버렸는지 다른 노래의 가사를 끌어와 부르더군요. 너무나 자연스러웠죠. 존을 이렇게 만났습니다."

폴이 존의 공연 후 무대 뒤로 찾아가자 존은 그에게 노래를 해보라고 하였다. 갑자기 이루어진 오디션이었다. 폴은 「올슉업All Shook Up」 등의 당시 히트곡을 멋진 기타 연주로 불렀다.

존은 폴의 노래와 작곡 실력에 반하였지만, 존이 폴에게 당장 자기 그룹으로 오라고 말한 것은 아니었다.

쿼리맨의 멤버보다 훨씬 뛰어난 실력을 가진 폴이 들어오면 그룹이 해체될 수도 있고, 그룹의 리더인 자기의 지위도 흔들릴 수 있었기 때문이다. 존은 1주일이 지나서야 폴에게 그룹으로 들어올 것을 부탁했다.

얼마 후 폴의 소개로 조지 해리슨(George Harrison : 1943~ 2001)이 가입하였다. 그리고 1960년에 비틀스라는 새로운 이름으로 출발하였다.

하지만 아직 비틀스의 실력은 유명한 클럽이나 무대에서 노래 부를 수준이 되지 못했다. 그러던 차에 그들에게 새로운 기회가 찾아왔다. 독일의 항구도시 함부르크에서 연주 활동을 하자는 제의가 들어온 것이었다. 비록 거친 선원들이 모여 있고 마약도 은밀하게 거래되는 곳에서 하루 8시간 동안이나 연주와 노래를 하는 생활이었지만, 비틀스는 함부르크에서 보낸 지옥 훈련을 통해 음악적으로 크게 성장하였다.

오랜 시간 연주를 하면서 기타를 다루는 실력이 늘어갔고, 술 마시며 고래고래 소리치는 선원들 앞에서 강한 록 음악을 연주하게 되었다.

1962년에는 '인간성 좋고, 머리 나쁜' 드럼 연주자 링고 스타(Ringo Starr : 1940~)를 받아들여 '전설적인 4인조' 비틀스는 완성되었고, 마침내 영국 차트에서 무려 30주간 1위를 차지한 데뷔 앨범을 발표하였다.

"비틀스의 노래가 막 끝나자마자 사회자가 얼굴이 상기된 채 무대에 뛰어 올랐어요. 그러더니 이들의 「플리즈 플리즈 미Please Please Me」가 마침내 싱글 차트 최고 정상에 올랐다고 발표하였죠. 손님들이 수군거리면서 큰 박수를 쳐주었지만, 맨 앞줄에 앉아 있던 여성 팬들은 울더군요. 이제는 이런 촌구석에서 비틀스를 볼 수 없을 것 같았기에……."

이후 비틀스의 인기는 유럽을 휩쓸었고 1964년에는 「손을 잡고 싶어요I Want To Hold Your Hand」로 영국에서 그 누구도 이루지 못한 미국 히트 차트에서 정상을 차지하였다. 1964년 4월 4일에는 미국의 빌보드 차트 1위부터 5위까지의 곡이 모두 비틀스의 노래로 채워질 정도로 비틀스의 인기는 상상을 뛰어넘었다.

하지만 정상에 서면 내려와야 하는 자연의 법칙은 비틀스도 피해갈 수 없었다. 이들은 1966년에 마지막 공연을 가졌고 1970년 3월 11일에 마지막 앨범 「Let it be」를 발매하였다. 그리고 4월 10일에 폴 매카트니의 선언으로 비틀스는 공식적으로 해체되었다.

비틀스는 해체 후에 서로가 각자의 길을 가면서 재결합을 시도하였으나, 1980년 존 레논이 뉴욕에서 암살되면서 더 이상 팬들이 바라던 완벽한 비틀스 라이브는 들을 수 없게 되었다.

하지만 '20세기 최고의 팝그룹' '20세기의 바흐'로 불리던 비틀스는 세계인의 가슴속에 여전히 '최고의 비틀스'로 남아 있다.

이제 비틀스가 1965년에 파리에서 녹음한 명곡 '예스터데이Yesterday'를 감상해보길 바란다. 이 곡은 현악 4중주를 배경으로 절제되고 애절한 목소리로 폴 매카트니가 부른 것이다.

또한 당시까지 비틀스를 비판적으로 바라보던 많은 비평가들을 자기의 팬으로 만든 작품이기도 하며, 록 음악에 클래식 음악을 도입하는 유행을 이끈 곡이기도 하다.

고통은 내게 없는 것 같았지 All my troubles seemed so far away
이제 힘든 시기가 온 것 같아 Now it looks as though they're here to stay
아, 지난날이 그리워 Oh, I believe in yesterday

갑자기 내가 예전의 반도 안 되게 작아졌어 Suddenly I'm not half the man
I used to be
내게 어두운 그림자가 드리워있어 There's a shadow hanging over me
아, 갑자기 옛날 생각이 난다 Oh, yesterday came suddenly

왜 그녀가 떠났는지 모르겠어 Why she had to go, I don't know

말도 없었으니까 She wouldn't say

뭐가 잘못된 거야 I said something wrong

지금은 지난날이 몹시 그리워 Now I long for yesterday

과거엔 사랑은 그저 쉬운 게임이었어 Yesterday, Love was such an easy game to play

이제 난 숨을 곳을 찾고 있어 Now I need a place to hide away

아, 지난날이 그리워 Oh, I believe in yesterday

* 1970년 3월 11일 '비틀스, 마지막 앨범「Let it be」발매' 참조

—

1917년 4월 10일

프랑스 미술가 마르셀 뒤샹, 전시회에 남성용 변기 출품

—

1917년 4월 10일, 뉴욕 그랜드 센트럴 갤러리에선 독립 미술가 협회의 주최로 앙데팡당전이 열렸다. 이 전시회는 젊고 패기만만한 작가들이 주축이 된 전시회로, 참가비 6달러만 내면 누구나 참가할 수 있었다.

그렇다 하더라도 주최 측을 경악하게 만든 것이 등장하였으니 바로 프랑스의 미술가 앙리 로베로 마르셀 뒤샹(Henri Robert Marcel Duchamp : 1887~1968)이 출품한 남성용 변기였다.

뒤샹이 출품한 남성용 변기에는「샘fountain」이란 제목을 붙여서 'r

mutt'란 이름으로 서명까지 되어 있었다. 'r mutt'는 뉴욕 변기 제조업자 인 리처드 머튼의 이름을 따온 것이었다.

이 작품에 대해 전시위원회 측은 전시 여부를 놓고 논쟁을 벌였다. 결국 출품작은 모두 전시해 주는 것이 원칙이라 뒤샹의 「샘」도 전시가 되기는 하였지만 사람들 눈에 안 띄는 한쪽 구석에 처박혀서 사실상 전 시를 거부당한 것과 다름없는 푸대접을 받아야 했다.

화가 난 뒤샹은 「미국인에게 보내는 공개장」이라는 글을 한 잡지에 실어 그들의 무지를 질타했다.

사실 뒤샹이 「샘」을 통해 전해주고자 했던 메시지는 '예술은 더 이상 풍경이나 인물을 손으로 재현하는 테크닉이 아니다.'라는 것이었다. 즉 '제작'이 아닌 작가의 '선택'만으로도 예술작품이 될 수 있다는 발상의 전환이었다. 이를 통해 뒤샹은 예술작품과 일상용품의 경계를 허물고 자 했으며, 대량생산 시대를 맞은 20세기의 미학을 반영하고자 하였다.

하지만 뒤샹의 예술관은 당시로서는 받아들여지기 힘들었기에 말 년에 뒤샹은 미술가를 포기하고 프로 체스 선수로 전향해 체스 연구 에 전념하였다. 하지만 이제는 파블로 루이스 피카소(Pablo Ruiz Picasso : 1881~1973)와 더불어 20세기 현대미술을 만든 두 거장으로 꼽히고 있다.

뒤샹의 주요 작품으로는 「계단을 내려오는 누드 2번Nude Descending a Staircase, No. 2」 「심지어, 그녀의 독신자들에 의해 발가벗겨진 신부The Bride Stripped Bare By Her Bachelors, Even」 「Etant donnes」 등이 있다.

1963년 4월 10일

미국 핵잠수함 드레셔호, 대서양 해상에서 침몰

1963년 4월 10일 승무원 129명이 탑승한 미국 핵잠수함 드레셔호 가 대서양에서 침몰했다. 이 사고는 평화시에 발생한 최악의 해군 참 사였다.

최신형 핵 공격 잠수함인 드레셔호는 이날 뉴햄프셔 주 포츠머스 해 군항에서 정비를 마친 후 심해잠수 시험을 위해 출항을 하였다.

당시 드레셔호에는 잠수함 구조선 스카이라크호가 동행하고 있었으 나 드레셔호는 오전 9시 보스톤 동쪽 338km 떨어진 해역에서 잠수한 이후 연락이 두절됐다. 침몰 원인이 밝혀지지 않은 채, 해군 당국은 잠 수 해역의 깊이가 2,520m로 구조하기에 절대적으로 불가능한 깊이라 고 밝혔다.

2010년 4월 10일

태국 반정부 시위, 유혈 사태 발생

2010년 4월 10일 태국의 수도 방콕에서는 시위대와 진압 부대가 상 호 총격을 가하면서 충돌하여 모두 21명이 사망하고 870여 명의 부상 자가 발생하는 유혈 사태가 벌어졌다.

당시 탁신 치나왓(Thaksin Shinawatra : 1949~) 전前 총리는 2006년 해 외 순방 중 일어난 쿠데타로 인해 해외로 도피한 상태였다. 이날 전 총리를 지지하는 붉은 옷을 입은 '독재 저항 민주 연합 전선(UDD, 일명 레드셔츠)' 시위대는 아피싯 웨차치와(Abhisit Vejjajiva : 1964~) 총리의 즉각적인 하야와 내각 총사퇴, 의회 해산과 조기 총선 실시 등을 요구하며 한 달째 시위를 계속하던 중 시위대를 강제해산 하려던 정부 당국과 충돌해 유혈 사태가 빚어진 것이다.

태국 보안 당국은 랏차담넌 거리 인근에 군경을 투입해 물대포, 최루탄, 고무탄 등을 쏘며 시위대 해산에 나섰으며 시위대는 이에 맞서 화염병과 돌을 던지며 저항했다.

사망자 중에는 영국 로이터 통신의 사진기자인 일본인 히로유키 무라모토와 일반 시민 15명, 진압 작전에 나섰던 군인 5명이 포함돼 있었다. 이날의 대규모 유혈 참극은 1992년 유혈 쿠데타 이후 18년 만에 벌어진 대규모 유혈 사태였다.

태국 정부는 반정부 시위가 장기화하고 점차 격렬해짐에 따라 이미 4월 7일에 방콕과 방콕 주변 지역에 비상사태를 선포한 상태였다.

──

1971년 4월 10일

미국 탁구팀, 중국 베이징 방문

──

"중국과 미국의 국민 사이에 새로운 장을 연 것은 당신들입니다." 저우언라이 중국 총리는 미국 탁구대표단을 맞이하면서 이렇게 말했다.

1971년 4월 10일 중국 베이징 공항에서는 미국과 소련 중심의 냉전이 무너지는 소리가 들려오고 있었다. 일본 도쿄에서 출발한 루프트한

자 비행기에서 미국 탁구 대표팀 15명이 내려왔던 것이다.

이들은 1949년 중화 인민 공화국이 수립된 이후 중국 대륙을 공식 방문한 최초의 미국인들이었다. 미국 탁구 대표팀은 중국의 우호적인 분위기 속에서 탁구 경기를 가졌다. 이전까지 서로 다른 체제로 인해 극단적으로 대립하던 두 나라의 관계는 이후 아주 빠르게 좋아졌다.

스포츠 외교의 모범 사례이기도 한 이 핑퐁 외교는 이듬해 2월 리처드 밀하우스 닉슨(Richard Milhous Nixon : 1913~1994) 미국 대통령이 중국을 방문할 수 있는 계기를 마련해 주었다.

* 1913년 1월 9일 '미국 닉슨 대통령 출생' 참조
* 1972년 2월 21일 '닉슨 미국 대통령 최초로 중국 방문' 참조

1302년 4월 10일

필리프 4세, 프랑스 삼부회 소집

1302년 4월 10일, 필리프 4세(Philippe IV : 1268~1314)가 교황 보니파티우스 8세(Bonifatius VIII : 1294~1303)와의 분쟁시 국민의 지지를 얻을 수 있도록 파리의 가톨릭 성당인 노트르담 대성당에 성직자, 귀족, 250개 도시대표 등으로 구성된 삼부회를 소집하였다.

삼부회의 본래 기능은 국가의 중요 의제를 논의하는 것이었지만, 실제로는 프랑스 국왕의 세금 징수에 대한 동의를 구하기 위해 열렸다. 중세 말기부터 유럽의 국왕들은 국가 재정의 부족을 막기 위해 여러 가지 임시 세금을 부과하려 하였는데, 삼부회를 통해 형식적 동의를 구한

것이었다.

삼부회의 각 구성원들 역시 삼부회를 통해 자신들의 이익을 지키려 하였다. 귀족과 성직자는 국왕의 요구에 동의하는 대신 자신들의 수입 원이었던 농민들에 대한 지배를 강화하는 기회를 얻고자 하였고 도시 대표자들은 자신들이 바치는 조세의 대가로 경제 활동에 대한 특권을 얻고자 하였다.

그 결과 귀족, 성직자, 시민 등 각 신분의 대표자는 왕의 정치에 영향력을 가질 수 있었고, 국왕은 의회를 장악하고 국가 재정을 도모하는 등 국왕의 권한을 강화시킬 수 있었다.

4월의
모든 역사

4월 11일

1241년 4월 11일

몽골군, 사요 강에서 헝가리 연합군를 섬멸하다

"하늘이 내린 영광된 정복자들이여, 돌아오라! 황제께서 돌아가셨다."

몽골군의 명장 수부타이와 바투가 이끄는 동유럽 원정군은 헝가리 사요 강에서 헝가리 연합군을 물리쳤다.

만약, 그해 2대 황제 오고타이가 죽지 않고 작전을 계속할 수 있었다면, 서유럽 역시 몽골 전사의 말발굽 아래 놓였을 것이고 세계 역사는 지금과는 확연히 달랐을 것이다.

몽골의 칭기즈 칸(Chingiz Khan : 1155?~1227)과 그의 군대가 중국을 포함한 유라시아 대륙과 이슬람 세계 그리고 동유럽을 휩쓴 것에 대하여 많은 분석과 검토가 이루어져 왔다.

어떤 사람들은 말의 목이 짧아 측면이 아닌 정면에서 칼을 휘두를 수 있는 몽골마馬를 성공 요인으로 들기도 하고, 또 다른 이들은 옆에서 쏘는 방법이 아닌 정면에서 쏠 수 있는 몽골활을 말하기도 한다.

또는 시체더미 속에 숨어 도망가는 자를 막기 위해 모든 시체의 머리를 잘라버렸다는 '대학살' 전술과 공포 전술도 중요한 요인으로 보기도 한다. 또한 기동성, 단순성, 자신감이 완벽한 조합을 이루었다고 말하기도 한다. 하지만 가장 중요한 성공 요인에 대해서는 아직까지도 불가사의로 남아있다.

1241년에 몽골군이 헝가리 연합군을 섬멸할 수 있었던 것도 이러한 여러 요인들이 어우러져 나타났기 때문이다. 사요 강 전투는 1229년 몽골의 오고타이(Ogotai : 1185~1241)가 황제에 즉위한 후 세계를 통일하라는 칭기즈 칸의 유언에 따라 이루어진 제2차 서정西征 과정에서 헝가리 연합군과 벌인 전투이다. 유럽 원정 당시 몽골군의 총 병력은 12만 명이었다. 그중 순수 몽골 기병은 5만 명이었다.

1237년 여름, 몽골의 부사령관이며 참모장인 수부타이(Subutai : 1176~1248)가 유럽 원정의 권한을 받고 볼가 강에 있는 바투(Batu : 1207?~1255) 사령관의 주둔지로 향하였다.

그리고 1241년 1월 수부타이는 폴란드와 우크라이나 접경 지대인 카르파티아 산맥 북쪽에 군대를 모아두고 정보를 수집하였다.

마침내 3월 몽골군은 그들 병력의 두세 배에 이르는 헝가리를 중심으로 한 중부 유럽군과 싸우기 위해 네 개의 부대로 나누어 출발했다.

수부타이는 연합군 중 가장 강한 헝가리군을 무찌르기 위해 멀리서 돌아가는 외선 작전을 펼쳤다. 당시 헝가리, 폴란드, 프러시아, 보헤미아 등이 서로 정략적 결혼 관계를 맺고 있었기 때문에 자칫하면 헝가리를 공격할 때 측면 공격을 받을 수 있었다.

제1부대장 카이두(Khaidu : 1230~1301)는 북쪽을 맡아 한 달 만에 640km 이상을 이동하면서 갈리시아와 비스툴라 강 지역을 점령하고 약속된 집결지인 부다페스트로 향하였다.

제2부대는 기병 부대로, 주력부대의 오른쪽을 책임지면서 제1부대와의 연락을 담당하였다. 이들은 하루에 평균 150km를 이동하였고, 3월 17일에는 다뉴브 강의 바크를 점령했다.

제3부대는 오고타이의 아들인 카다안이 이끌었으며, 주력 부대의 남쪽을 맡아 전진하면서 집결지로 향하였다. 카다안은 강력한 군대가 있는 성은 피하면서 행군하였고, 팃자 강은 말에 바람을 불어넣은 가죽주머니를 달아 건널 수 있었다.

중앙을 맡은 주력 부대인 제4부대는 수보타이와 바투가 직접 지휘하는 4만의 정예 병력이었다. 이들은 헝가리군이 방어하고 있는 카르파티아 산맥 통로를 지나 3월 17일 페스트에 도착하였다.

이들에 대비해 헝가리는 견고한 성에서 몽골군을 맞이하였고, 연합군의 병력이 10만 이상에 이르자 사기가 왕성해졌다. 수보타이는 연합군의 상황을 잘 파악하였다.

무작정 다뉴브 강을 건너 공격하기는 힘들었고 그렇다고 전투를 오래 끌다가는 연합군의 세력만 크게 만들 수 있었다. 몽골군이 이길 수 있는 상황을 만들어야 했다. 전투의 승리는 단순히 말만 잘 타고 활을 잘 쏜다고 되는 것은 아니었다.

　자기에게 유리한 상황으로 만들 수 있는 전략이 필요했다. 수부타이는 다뉴브 강에 있는 기병에게 철수를 명령하였다. 헝가리군이 이들을 추격한다면 승산이 있었다.

　예상대로 헝가리 연합군 지휘관은 몽골군이 후퇴하자 추격 명령을 내렸다. 기세 좋게 나간 헝가리군은 몽골군이 쏘아대는 화살에 잠시 주춤거렸지만, 모든 기마병을 투입해 쫓아 나섰다.

　하지만 그들이 만나는 몽골군은 얼마 안 되는 기병대일 뿐 주력 부대가 아니었다. 이렇게 헝가리군은 6일 동안 160km를 따라와 몽골군이 있는 사요 강까지 이르렀다.

　이날 헝가리군은 불과 3km밖에 떨어지지 않은 몽골군을 앞에 두고 사요 강을 경계로 주둔지를 설치하였다. 강에 놓인 돌다리에는 정예 경계 부대를 배치했다.

　다음 날 새벽, 바투의 지휘 아래 4만의 몽골군이 사요 강의 돌다리를 향해 돌진하였다. 헝가리군이 막아서자 여러 개의 화살이 잇달아 나가는 노포를 발사하여 다리를 건널 수 있었다.

　헝가리군 역시 화살을 쏘아대어 치열한 공방이 계속 이어졌다. 새벽의 여명이 사라질 무렵 수부타이와 3만의 몽골군이 헝가리군 뒤쪽에서 모습을 드러냈다. 헝가리군이 바투와 싸워 움직이지 못하는 동안 수부타이는 다리를 놓아 사요 강 하류를 건넌 것이었다.

　헝가리군은 꼼짝 못하고 갇혔다. 몽골군은 포위를 점점 좁히면서 불붙인 화살을 쏘았고 투석기로 돌덩이들을 날려 보냈다. 헝가리군은 큰 피해를 입고는 달아나려고 맹렬한 역습을 펼쳤다. 그 덕분인지 마침내 서쪽 지역에 탈출구를 만들 수 있었다.

　달아날 곳이 생기자 목숨을 걸고 싸우던 헝가리군이 달아나기 시작했다. 무기와 갑옷은 거추장스런 것이 되어 버렸다.

하지만 탈출구가 생긴 것은 몽골군의 희생을 최소화하려는 수부타이의 전술 때문이었다. 몽골군은 무려 6일 동안 헝가리 패잔병을 양옆에서 몰아가면서 힘을 다 빼앗아 버렸다.

마침내 1241년 4월 11일, 부다페스트가 얼마 남지 않은 곳에서 몽골군은 헝가리군 7만 명을 섬멸하는 쾌거를 이루었다.

―

1713년 4월 11일

지브롤터, 유트레히트 조약으로
영국 식민지에 편입되다

―

1713년 4월 11일 프랑스-스페인과 영국-네덜란드-프로이센-포르투갈 사이에 체결된 유트레히트 조약으로 스페인령 지브롤터가 영국 식민지에 편입됐다.

지브롤터는 스페인 남단에서 지브롤터 해협을 향하고 있는 작은 반도로, 높이 425m의 바위산 '지브롤터 바위'가 깍아지른 듯 서 있다. 면적이 58만km²에 불과한 바위산이지만 아프리카 대륙의 북단과 지중해를 가운데 두고 바짝 붙어 있어 역사적으로 전략 요충지로 중요시되어 온 지역이다.

이 반도가 영국의 손에 들어간 것은 1704년이다. 스페인 왕위 계승전에 참가한 영국 해군이 이 근처에서 프랑스-스페인 연합 함대를 격파하고, 지브롤터에 영국 국기를 처음으로 꽂은 것이다. 전쟁에서 승리한 영국은 유트레히트 조약을 통해 점령을 공식화했다.

　　스페인은 지브롤터를 빼앗긴 이후 지브롤터가 면세 지대라는 특성 때문에 밀수와 마약 거래, 돈세탁이 성행해 스페인 경제가 타격을 입는다며 영국에 줄곧 반환을 요구하고 있다.

　　1964년에는 유엔 식민지위원회에 영토 반환 요구를 제출한 바 있고, 1969년과 1981년에는 국경을 폐쇄하여 현지 주민과 영국의 불만을 증폭시키기도 했다.

　　이에 대해 영국은 1964년 지브롤터에 부분 자치를 허용했고, 지브롤터 주민들은 1967년 9월 10일, 자체 투표를 통해 계속 영국령에 남겠다는 의사를 재확인함으로써 스페인을 당혹케 하였다.

　　1969년부터는 지브롤터 정부가 대부분 내정에 자치권을 행사하고 있다. 현재 이 지역에는 영국의 상주 병력과 스페인계를 포함해 3만 1,000여 명이 살고 있다.

ーー

1951년 4월 11일

미국 트루먼 대통령, 맥아더 유엔군 총사령관 해임

ーー

　　1950년 한국 전쟁이 일어나자 더글러스 맥아더(Douglas MacArthur : 1880~1964)는 7월 7일에 유엔 안전 보장 이사회의 결의로 유엔군 총사령관에 임명되었다.

　　맥아더는 제1차, 제2차 세계 대전에 이어 인천 상륙 작전의 대성공으로 프랑스의 전쟁 영웅 나폴레옹에게 부여했던 '군신軍神' 칭호를 얻었던 사람이었다.

　　맥아더는 인천 상륙 작전 후 두만강 일대까지 진격한 유엔군이 중공군의 개입으로 밀리고 전쟁이 장기화될 조짐이 보이자 중국의 만주 지방을 폭격할 것을 주장하였다.

그러나 중국과의 전면전을 경계하던 해리 트루먼(Harry Shippe Truman : 1884~1972) 대통령은 그의 주장을 받아들이지 않았다.

그리고 이듬해인 1951년 4월 11일 트루먼 대통령은 유엔군 총사령관 맥아더 원수를 전격 해임했다. 또한 나머지 직책인 주일 연합군 사령관, 극동군 사령관, 극동 육군 사령관에서도 해임했다.

맥아더는 중공군 개입과 유엔군의 37선 후퇴로 명성이 손상되는 듯했으나, 유엔군 재반격의 성공으로 예전의 명성을 되찾았다. 그러나 유엔군이 서울 수복과 함께 38선을 넘어 북진하는 과정에서 그는 해임됐다. 이날은 미8군이 중부 전선의 전략적 요충지인 철의 삼각 지대 확보를 위해 실시한 돈틀리스 작전의 첫날이었다.

맥아더 해임에 미국 국민은 분노했다. 사람들은 거리로 나와 트루먼의 초상화에 불을 붙이는 극단적인 행동을 했고, 반면 미국에 귀환한 맥아더를 전쟁 영웅으로 환대했다.

그들은 맥아더 해임에 대해 원인·절차·결과에 관계없이 휴전을 바라는 워싱턴의 정치 지도자에게는 정당한 조치였을지 모르나 전선에서 피 흘리며 싸우고 있는 군인에게는 이해되지 않은 처사로 이해했던 것이다.

* 1880년 1월 26일 '미국 군인 맥아더 출생' 참조

1961년 4월 11일

나치 전범 아돌프 아이히만, 재판 회부

1961년 4월 11일, 오스트리아 나치당원으로서 나치의 유대인 집단학살 정책에 참여하였던 칼 아돌프 아이히만(Karl Adolf Eichmann : 1906~1962)이 재판에 회부되었다.

그는 제2차 세계 대전 중에 독일 및 독일 점령하의 유럽 각지에 있는 유대인의 체포와 강제 이주를 계획하고 지휘하였다. 또한 그는 집단학살을 위한 방법으로 가스실을 이용한 사실도 확인되었다.

아이히만은 독일의 항복 후 가족과 함께 아르헨티나로 도망하여 리카르도 클레멘트라는 가짜 이름으로 부에노스아이레스 근교의 자동차 공장 기계공으로 은신하고 있다가 1960년 5월 이스라엘의 비밀정보국 모사드에 의해 체포당하여 이스라엘로 압송되었다.

그는 3예루살렘의 법정에서 제2차 세계 대전 중에 독일 나치스가 저지른 유대인 600만여 명의 학살 책임을 추궁당한 끝에 사형 판결을 받고 1962년 5월 교수형에 처해졌다.

1979년 4월 11일

우간다의 독재자 이디 아민, 리비아로 망명

우간다의 독재자로 악명 높았던 이디 아민(Idi Amin : 1928~2003)이 1979년 4월 11일, 리비아로 망명하였다.

1928년 북서부의 서나일 아루아에서 출생한 아민은 군인 출신으로 1971년 1월 대통령 아폴로 밀턴 오페토 오보테(Apollo Milton Opeto Obote : 1924~2005)가 영국 연방 수뇌 회의 참석차 외유 중에 쿠데타를 일으켜 정권을 장악하였다.

이후 아민은 자신에게 반대하는 사람들을 악어밥으로 만드는 등 잔인한 방법으로 수십만 명의 양민을 학살하였고, 1972년 우간다화정책을 내세워 5만여 명의 우간다 거주 아시아인을 추방하였다. 또한 반대파를 대량 학살하는 등 독재자로 군림함으로써 국내외적으로 비난의 표적이 되었다.

그는 1978년 10월 탄자니아를 침공하였으나 탄자니아 군과 국내의 반대파인 '우간다 국민 해방 전선UNLF'의 반격을 받고 패배하여 이듬해인 1979년 리비아로 망명하였다.

그후 아민은 사우디아라비아로 옮겼다가 2003년 8월 16일 사망했다.

4월의
모든 역사

4월 12일

■
■
■

1204년 4월 12일

제4차 십자군, 비잔틴 제국의 콘스탄티노플을 점령하다

"많은 사람들이 알다시피 투르크족은 지중해에 이르는 크리스트교 영토까지 침략했습니다. 그리고 비잔틴 제국의 영토인 루마니아를 점령하면서 그들은 수많은 사람을 죽이거나 포로로 삼았고 교회를 파괴하고 황폐화시켰습니다.

만약 여러분들이 가만히 놔둔다면 그들의 발아래 하느님에게 충성스러운 사람들이 점점 더 짓밟히게 될 것입니다."

-교황 우르반 2세

이 설교는 이슬람 세력의 확대에 불안을 느낀 비잔틴 제국의 알렉시우스 1세(Alexius I : 1048~1118)가 교황 우르반 2세(Urbanus II : 1042?~1099)에게 용병을 요청하자, 교황이 성지 탈환 운동을 주창하면서 한 그것이다.

이 설교에 감동을 받은 수도사 로버트는 1107년 무렵 십자군을 모집하기 위해 다음과 같은 글을 썼다.

"당신이 살고 있는 이 땅은 인구에 비해 너무나 작고, 농부들에게 돌아가는 식량은 적습니다. 이 때문에 당신은 이웃과 전쟁을 하고, 이웃을 죽이고, 싸우다 죽을 수도 있습니다. 이제 싸움을 멈추고 예루살렘으로 가서 사악한 무리들로부터 영토를 빼앗아 당신 것으로 만드십시오."

교황 우르반 2세의 설교와 로버트 수도사의 격려에 힘입어 제1차 십자군 원정이 준비되었다. 참가자 의복에 십자가를 붙인 십자군 원정은 11세기 말부터 13세기까지 8차례 이상 이루어졌다.

제1차 원정(1096~1099)은 1099년 7월 예루살렘을 점령함으로써 성공적으로 끝났다. 이때에는 너무나 많은 사람들이 지리도 모르면서 스스로 참가할 정도로 열기가 뜨거웠지만 예루살렘을 점령한 후에 십자군의 모습은 종교적이지 않았다.

"우리는 산을 횡단하기 시작했다. 그 산은 너무 높고 험했다. 말들은 절벽에서 떨어졌고, 기사들은 무엇을 해야 할지를 몰라 두려움에 떨면서 손을 꼭 쥔 채 어둠 속에 서 있었다."

"우리 모두는 도시로 들어갔고, 각각 집과 창고에서 찾아낸 물건은 무엇이
든지 자기 것으로 했다. 그리고 날이 샜을 때 그들은 남녀노소를 가리지
않고 닥치는 대로 죽였다."

이후 1144년 투르크가 예루살렘 왕국을 침입하자 제2차 십자군이 성
립하였다. 하지만 이때에는 분열이 일어나 실패하였다. 다시 1187년 투
르크의 살라딘(Saladin : 1138~1193)이 예루살렘을 점령하자 제3차 십자
군이 일어났다. 이것은 1192년 휴전 조약을 맺는 것으로 끝이 났다.

그리고 교황권이 절정이던 13세기에 교황 인노켄티우스 3세
(Innocentius Ⅲ : 1161~1216)가 다시 한 번 십자군 원정을 제의하여 제4
차 십자군이 이루어졌다.

하지만 이 원정은 전혀 예상치 않은 방향으로 결과가 흘러갔다.
1202년 예루살렘으로 떠나려던 제4차 십자군 원정군은 배 값을 구할
수 없었는데, 이때 돈을 대주겠다던 베네치아 상인들이 나타났다. 그런
데 그들이 상술을 휘둘러 투르크가 아닌 베네치아 상인의 경쟁자가 있
던 크리스트교 도시 자라Zara를 공격하도록 하였다.

이 소식은 들은 유럽인들은 큰 충격을 받았고, 교황은 베네치아 상인
들을 파문했지만 오히려 그들은 십자군에게 비잔틴 제국 공격을 제의
하였다. 이 제의를 제4차 십자군이 받아들여 1204년 4월 12일 동로마
제국의 수도였던 콘스탄티노플을 점령하였다.

그 결과 도시는 심하게 약탈되고 황폐화되었으며 동서교회의 분열은
더욱 깊어졌다. 그 후 몇 차례의 십자군 운동이 일어났지만 모두 실패
로 돌아갔다.

십자군 전쟁은 대부분 실패로 끝났지만 유럽에 끼친 영향은 컸다. 교

황과 제후, 기사의 권위가 무너지기 시작한 반면에, 국왕은 전쟁 중 사망한 영주들의 영지를 차지하게 되어 중세의 기본 구조가 흔들리게 되었다.

또한 대외 정복을 통해 국민 의식이 싹트게 되어 중앙집권적인 국가 체제가 나타나는 계기가 만들어졌으며, 비잔틴과 이슬람 문화가 접촉하여 스콜라 사상이 나올 수 있었다.

1927년 4월 12일

장제스, 상하이에서 반공 쿠데타를 일으키다

장제스(蔣介石 : 1887~1975)는 1887년 중국 저장성 평화현에서 출생하였다. 그는 1906년 바오딩 군관 학교에 입학하고 다음해 일본으로 유학을 갔다. 그 무렵 중국혁명동맹회에 가입하고 1911년 신해혁명에 참가하였다.

1918년 쑨원(孫文 : 1866~1925)의 휘하에 들어가 활약하면서 1923년에는 소련을 방문하여 적군赤軍에 대해 연구하였다. 또한 1924년 황푸 군관학교 교장, 1926년 국민혁명군 총사령에 취임하여 북벌을 개시하였다.

그는 중국 국민당과 공산당의 1924년 제1차 국공합작을 성사시킨 후 봉건군벌을 몰아내기 위한 북벌을 계속하였다. 1927년 3월 공산군이 난징을 점령하자 영국, 미국 등의 자본주의 국가는 난징을 폭격하고 국민당 우파를 지원하였다. 이 사건으로 국공합작은 깨지고 장제스는 반공노선을 확실히 하였다.

1927년 4월 12일에 장제스는 상하이의 공산당 세력에게 폭격을 가
하는 반공 쿠데타를 일으켜 공산당을 탄압하였다. 1928년에는 베이징
을 점령하였다. 이후 난징 국민정부 주석과 육·해·공군 총사령이 되
어 당과 정부의 지배권을 확립하였으며, 한편으로는 광둥·광시의 군
벌들과 펑위샹·옌시산 등 지방 군벌을 눌렀다.

1930년부터는 5회에 걸쳐 대규모 중국공산당 포위전을 수행하였다.
또한 만주사변 후 일본의 침공에 대해서는 '우선 내정을 안정시키고
후에 외적을 물리친다'는 방침을 세워 군벌을 이용, 오로지 국내 통일
을 추진하였다.

그러나 장제스는 1936년 '내전정지內戰停止 일치항일一致抗日'을 외치
는 여론이 높아지자 1937년 국공합작으로 전면적인 항일전을 개시하
였다. 항일 전쟁 중에는 국민정부 주석, 국민당 총재, 군사위원회 주석,
육·해·공군 대원수 등의 요직을 겸직하여 최고권력자로 군림하였다.

제2차 세계 대전 후 장제스는 1946년 다시 중국 공산당과 결별하고
내전을 개시하였다. 처음에는 우세하였으나 1949년 12월 완전히 패배
하여 본토로부터 타이완으로 정부를 옮겨 미국과의 유대를 더욱 강화
하고, '자유중국' '대륙반공'을 제창하며 중화민국 총통과 국민당 총재
로서 타이완을 지배하였다.

장제스는 1953년 대한민국 정부로부터 대한민국의 독립을 지원한
공로가 인정되어 건국훈장 대한민국장을 받았다. 저서로는 『장중정전
집蔣中正全集』 『장총통언론휘편蔣總統言論彙編』 등이 있다.

2000년 4월 12일

77그룹 정상 회담, 창설 26년 만에 첫 개최

전 세계 133개 개발도상국들이 참가하는 77그룹 정상 회담G77이 2000년 4월 12일 쿠바 아바나에서 개최됐다. 개발도상국 간의 경제 협력과 무역 확대 등 '남남 협력'을 모색해 온 77그룹의 정상 회담은 1964년 창설된 이래 26년 만에 처음으로 개최되는 것이었다.

10일 각료 회의와 11일 외무장관 회의에 이어 12일부터 사흘간 계속 된 아바나 회의에는 회원국 정상들과 미국 유럽 등 56개 선진국과 비 회원 개도국 대표들이 참석했다.

회의에서 G77 정상들은 개도국 탕감 문제를 협의하는 한편 선진국-개도국 간의 빈부 격차를 줄이기 위한 선진국의 시장 개방 확대와 개도 국에 대한 투자 확대 등을 촉구했다.

1961년 4월 12일

소련, 첫 유인 우주선 보스토크 1호 발사

"이곳에서는 지구가 잘 보인다. 지구는 푸르다. 기분이 매우 좋다." 이것은 지구 밖에서 지구의 모습을 최초로 본 가가린이 한 말이다.

1961년 4월 12일 오전 9시 7분, 4.75t 무게의 소련 우주선 보스토크 Vostok 1호가 유리 가가린(Yurii Alekseevich Gagarin : 1934~1968)을 태우고

하늘로 날아올랐다.

보스토크 1호는 동방東方이란 뜻의 1인승 우주선으로, 인간이 탄 부분은 지름이 겨우 2.3m인 공 모양의 캡슐이었다. 이 우주선은 지구 궤도를 89분 걸려 한 바퀴 회전한 후 108분 만에 소련의 한 농장에 낙하산을 이용하여 무사히 돌아왔다. 이는 무중력과 시속 2만 8,000km라는 초고속의 비행 환경에서도 인간이 견딜 수 있음을 증명해 주는 사건이었다.

가가린이 우주에 머물다 지구로 무사히 귀환하자 미국과의 우주 대결에서 또 이겼다는 자부심이 소련 전역에 넘쳐났다. 소련의 일간 신문인 「이즈베스티야」는 '세계를 뒤흔든 108분'이란 제목을 대문짝만하게 달았고 「프라우다」는 호외를 찍었다.

가가린은 중위에서 소령으로 계급이 두 단계나 건너뛰었고, 레닌 훈장까지 받아 소련의 영웅으로 떠올랐다. 그가 어린 시절을 보냈던 그자츠크는 이름을 아예 가가린으로 바꿨다.

소련은 여세를 몰아 이후에도 보스토크 이름을 단 유인 우주선을 여섯 번이나 발사해 모두 성공시켰다. 특히 1963년 6월에 발사한 보스토크 6호에는 최초의 여성 우주 비행사 테레슈코바(Valentina Vladimirona Tereshkova : 1937~)를 태워 최초의 수식어를 독점했다.

가가린의 우주여행 3주 뒤 미국 역시 셰퍼드(Alan Shepard : 1923~1998) 중령을 태운 우주선 '머큐리' 캡슐을 쏘아 지구 궤도 비행에 성공시켜 체면을 겨우 세웠다.

* 1963년 6월 6일 '테레슈코바, 세계 최초의 여성 우주인 탄생' 참조

1861년 4월 12일

미국, 남북 전쟁 발발

1861년 4월 12일 새벽이 되자 남부 연합의 군대는 섬터 요새Fort Sumter 를 포격하였다. 링컨이 미국의 제16대 대통령으로 취임한 지 한 달쯤 지난 후였다.

링컨이 연방 정부가 차지하고 있던 사우스캐롤라이나의 섬터 요새에 식량을 보내려고 하자, 남부 연합은 이것을 연방군이 자신들을 공격하기 위한 준비 단계로 생각했던 것이다. 이에 주둔하던 연방군은 반격 한 번 못하고 백기를 들었다.

이날 희생된 것은 단지 말 한 필이었으나 5년간의 미국 남북 전쟁의 시발점이 됐다. 링컨은 남부의 해상 봉쇄를 명령하면서 민병대를 통한 조속한 진압을 지시했다.

이후 두 달 만에 맥도웰 장군이 이끄는 연방군은 남부 연합의 수도 리치먼드를 향해 출정하면서 본격적인 남북 전쟁이 시작됐다.

* 1865년 4월 9일 '미국 남북 전쟁이 종식되다' 참조

1983년 4월 12일

흑인 최초 미국 시카고 시장, 해럴드 취임

1983년 4월 12일, 해럴드 워싱턴(Harold Washington : 1922~1987)이 아프리카계 미국인으로는 처음으로 시카고 시장에 취임하였다.

해럴드는 1922년 미국 시카고에서 태어났다. 1949년에 루스벨트 대학교를 졸업하고, 노스웨스턴 대학교 법학 대학원을 졸업한 뒤 1953년에 변호사가 되었다. 1965년부터 1976년까지 일리노이 주 하원 의원, 1976년부터 1980년까지 일리노이 주 상원 의원을 지냈다.

해럴드는 예비선거에 출마하여 시장 제인 번과 주(州) 검사 리처드 데일리를 꺾고 흑인으로서는 처음으로 민주당 시장 후보에 뽑혔다. 이에 해럴드는 여세를 몰아 1983년 시카고 시장 선거에 민주당 후보로 출사표를 던졌다.

선거 결과, 시카고 흑인 유권자 99%의 전폭적인 지지를 받아 전체 52%를 득표해 상대 후보로 나온 전 일리노이 주 공화당 대표 버나드 에프턴을 꺾고 미국 사상 첫 흑인 시장으로 당선됐다.

해럴드는 1987년 4월 선거에서도 이겨 재선에 성공하였으나 같은 해 11월 25일 갑작스런 심근경색으로 사망하였다.

1981년 4월 12일

미국, 첫 유인 우주왕복선 콜롬비아호 발사

"우주왕복선은 인류가 돈을 쏟아 붓도록 만드는 가장 효율적인 장치이다."

-다나 로라바커

최초의 유인 우주왕복선 콜롬비아호가 승무원 8명을 태우고 1981년 4월 12일 발사되어 실제 임무에 투입되었다.

전체 중량이 2,000t인 콜럼비아호는 첫 비행에서 근지점 273.9km, 원지점 274.1km인 위성궤도에 들어가는 데 성공하여 지구 주위를 36번 돈 뒤, 무사히 지구로 돌아왔다.

미 항공 우주국이 콜롬비아호 같은 우주왕복선을 만들게 된 가장 큰 동기는 경비를 줄이기 위해서였다. 이전까지 인간이 타는 우주선은 한 번밖에 사용하지 못하였기 때문에 무척 비용이 많이 들었다.

그래서 경제적인 우주 탐사를 위하여 부품을 재사용하도록 이륙과 송환이 가능한 우주선을 만드는 것을 고민하게 되었던 것이다.

콜롬비아호 발사 성공 이후 챌린저호, 디스커버리호, 애틀란티스호, 인데버호 등의 우주왕복선이 차례로 순조롭게 발사되었다.

하지만 콜롬비아호는 2003년 2월 1일, 스물여덟 번째 임무인 STS-107을 마치고 지구로 귀환하던 중 텍사스 주 상공에서 선체 결함으로 인해 폭발되었다.

그래서 미국은 2010년 이후 한동안 우주왕복선을 발사하지 않았다.

4월의
모든 역사

4월 13일

1943년 4월 13일

독일, 카틴 숲 대학살 현장을 발견하다

2010년 4월 10일 레흐 카친스키 폴란드 대통령과 정부 주요 관리들이 탑승한 항공기가 추락해 탑승자 132명 전원이 사망했다. 이는 '카틴 숲 대학살 사건' 추모 행사에 참석하려고 러시아의 스몰렌스크로 가던 중 사고를 당한 것이다.

러시아 조사 당국은 사고기가 안개가 낀 기상 상태에서 착륙 도중 활주로에 제대로 안착하지 못하고 스몰렌스크 공항에서 약 1.5km 떨어진 지점에 추락한 후 나무에 부딪혀 처참히 부서졌다고 밝혔다. 특히 이번 사고는 블라디미르 푸틴 러시아 총리가 폴란드와의 화해 모색을 위해 도널드 투스크 폴란드 총리를 카틴 숲 학살 사건 70주년 추모식에 초청한 지 3일 만에 발생한 것이었다. 푸틴 총리는 "카틴 숲 희생자를 함께 추모하는 것은 매우 중요한, 상징적 측면이 있다."고 말했다.

그러나 당시 푸틴 총리는 러시아 정부를 강력히 비판해온 카친스키 폴란드 대통령은 행사에 초대하지 않았다. 하지만 카친스키 대통령은 2월, "폴란드의 최고 대표자는 대통령이기 때문에 초대가 없더라도 카틴 숲을 방문할 것이다."라고 말했고, 이날 개별적으로 카틴 숲을 찾으려다 변을 당하고 말았다.

제2차 세계 대전이 한창이던 1940년 러시아 남부 스몰렌스크의 카틴 숲에서 폴란드 군 장교, 지식인, 예술가, 노동자, 성직자 등 2만 2천명에서 2만 5천여 명을 재판 없이 살해하고 암매장한 사건이 벌어졌다.

독일이 1943년 4월 13일 폴란드 장교들 4,100여 구의 시신을 발견했다는 것을 발표하면서 이 끔찍한 대학살의 현장이 세상에 알려졌다. 당시 독일은 소련에 의한 폴란드인 학살의 증거라고 발표했지만, 소련은 독일 나치스에 의한 폴란드인 포로 학살이라고 반박했다.

카틴 대학살 사건은 발생 당시에도 철저하게 비밀에 부쳐졌으며, 제2차 세계 대전이 끝난 후에도 폴란드가 공산 소련 치하로 들어감에 따라 40여 년간 폴란드와 소련에서는 카틴 사건에 대한 언급은 금기시되어 왔다.

하지만 1990년에 당시 소련 대통령 미하일 고르바초프는 카틴 사건에 대한 소련의 개입을 시인하고, 소련의 잘못을 인정했다. 이것은 1939년 폴란드로 쳐들어간 소련이 카틴 숲 근처의 수용소에서 행한 학살자 명단이 공개 문서를 통해 알려지면서 취한 조치였다.

당시 스탈린이 "폴란드가 독립국으로 일어설 수 없도록 폴란드 엘리트의 씨를 말릴 것이다."라고 명령하면서 폴란드 엘리트들의 처형을 지시한 것이 문서를 통해 밝혀진 것이었다.

하지만 2004년 러시아는 카틴 숲 사건과 관련해 보유하고 있는 기록을 폴란드에 제공하겠지만 이미 공소시효가 지난 사안이라 관련자 처벌은 불가능하다고 밝혔다.

이에 대해 폴란드인들은 러시아에 대해 원한을 가지고 있으며, 양국은 이 사건이 대량 학살인지 여부를 두고 수십 년 간 감정싸움을 벌이고 있다. 대량 학살은 독일의 유대인 대량 학살을 일컫는 것이지 카틴 사건에는 적용할 수 없다는 것이 러시아 측의 논리였다.

하지만 폴란드는 대량 학살이 인류에 반한 범죄인만큼 기소하는 데 시효가 있을 수 없으며 살해 주동자를 색출해 법정에 세우겠다고 벼르고 있다.

1598년 4월 13일

프랑스의 앙리 4세, 낭트 칙령에 서명

많은 부인을 거느려 '호색왕'이라 불리면서도 프랑스인의 사랑을 받았던 앙리 4세는 신교도인 위그노였다. 그러나 왕으로 즉위하자 종교 전쟁을 끝내기 위해 가톨릭으로 개종하고 낭트 칙령을 발표하였다.

1598년 4월 13일 프랑스의 앙리 4세(Henri Ⅳ : 1553~1610)가 낭트에서 신교도인 위그노들에게 조건부로 신앙의 자유를 허용하는 칙령을 발표했다. 이 칙령으로 인해 약 30년간 지속된 프랑스의 종교 전쟁인 위그노 전쟁은 종식되었다.

마르틴 루터(Martin Luther : 1483~1546)의 종교 개혁이 있은 후 유럽의 여러 나라에서는 전통적인 가톨릭을 따르는 구교도 외에 새로운 신교도인 프로테스탄들이 등장하였다. 이에 16세기부터 17세기에 걸쳐 각 나라에서는 구교도와 신교도 사이에 대립이 심해져 종교 전쟁으로 발전하기도 하였다.

프랑스에서도 낭트 칙령이 있기까지 신교도인 위그노의 많은 희생이 있었다. 위그노는 프랑스 인구의 10%가 채 되지 않았으나 상공업자

나 부농 출신의 신도가 많아 영향력이 적지 않았다. 종교 전쟁은 1562
년 가톨릭에 의한 위그노 학살로 시작되었고, 1572년에는 바르톨레미
오 축일에 위그노 학살이 발생하기도 하였다.

앙리 4세는 이 사태를 수습하기 위해서 직접 신교에서 구교로 개종
하면서 신교도(위그노)에게도 어느 정도 종교 신앙의 자유와 정치적 권
리를 보장하고자 위그노 칙령을 공포하였다.

이때부터 신교도도 비로소 공직을 가질 권리가 생기고, 예배와 관
혼 상제의 집행, 유언의 등기 등에 참여할 수 있게 됐다. 파리를 제외하
고 어떤 지역에서든 공동예배가 가능해졌고 신교도의 최고회의 · 목사
회 · 서임권 등도 공인됐다.

또한 칙령은 비밀조항으로 100여 곳이 넘는 곳의 도시에 신교도의
자치특권을 인정했다. 그로 인해 그 도시들이 신교도의 무장지역이 되
어 반란의 거점이 되기도 했다.

하지만 신교 측은 지역을 제한받은 것이 불만이었고 가톨릭은 신교
를 인정한 것 자체를 받아들일 수 없었다. 그러나 앙리 4세가 일생 동
안 네 번의 개종과 30여 차례의 암살 위협에 시달리면서도 힘을 쏟은
결과 종교 전쟁은 서서히 끝이 나고 프랑스는 중앙 집권 체제를 구축해
유럽의 강국으로 부상했다.

그러나 한 세기가 지난 1685년 10월 18일, 절대왕정을 수립한 루이
14세(Louis XIV : 1638~1715)는 결국 낭트 칙령을 폐지하고, 신교도의 권
리를 일체 인정하지 않았다.

따라서 남 · 서 프랑스에 많이 살던 약 100만여 명의 신교도 중 약 40
만여 명이 영국, 네덜란드, 프로이센 등지로 망명하였는데, 그들은 대부
분 상인, 기사, 공예인, 군인이었으므로 프랑스로서는 적지 않은 경제적

손실을 보아야 했다.

—
1919년 4월 13일

인도 펀잡 지방에서 암리차르 학살 발생
—

1919년 4월 13일, 인도 시크교 성지인 암리차르 시 황금사원 인근에서 영국의 야만성이 극명하게 드러난 암리차르 학살 사건이 발생했다.

1919년 3월 인도의 치안 유지를 강화하기 위해 제정된 영국의 인도 탄압법인 롤래트 법의 철폐를 요구하는 정치 집회가 열린다는 소문을 듣고 1만여 명의 군중이 잘리안왈라 공원 바그 광장에 몰려들었다. 참석자 대부분은 호기심으로 참석한 인근 사원의 순례객들이었다.

하지만 영국 군대는 비무장의 인도인들에게 무차별 사격을 퍼부었다. 그 결과 379명이 죽고 1,137명이 다쳤다. 광장 출구가 하나뿐이어서 피해가 더 컸다. 학살 사건 이후에도 영국은 인도 전역에 계엄령을 선포하고, 야만적인 형벌을 도입해 인도인들을 더욱 모욕했다.

하지만 이 학살로 인해 인도인들의 독립에 대한 열망이 커져서 1920년 비폭력운동을 낳는 계기가 되었다.

1668년 4월 13일

존 드라이든, 영국의 첫 계관시인이 되다

영국의 시인이자 비평가인 존 드라이든(John Dryden : 1631~1700)이 1668년 4월 13일 영국의 첫 계관시인이 되었다. 계관시인은 영국 국왕이 월계수관을 받을 만한 자격이 있는 뛰어난 시인을 선택하여 임명하였다.

드라이든은 1631년 영국 노샘프턴셔의 청교도 집안에서 태어나, 케임브리지 대학교에서 공부하였다.

왕정과도 좋은 관계를 유지하며 시인으로서 전성기를 누리던 드라이든은 그러나 1688년에 일어난 명예혁명 때 왕에게 충성을 서약하지 않았다는 이유로 계관시인의 지위를 박탈당하였다. 또한 궁정의 보호도 상실하고, 고전 번역 등으로 불우하게 만년을 보냈다.

드라이든은 왕정복고기의 대표적인 문인으로 다방면에 걸쳐서 많은 저술을 남겼다. 주요 작품으로『압살롬과 아히도벨』『플렉크노 2세』『훈장』등이 있다.

1999년 4월 13일

안락사를 도와준 의사 잭 케보키언, 징역형 선고

미국 미시간 주 오클랜드 순회법원의 제시카 쿠퍼 판사는 1999년 4월 13일, "법을 비판하고 반대하는 글을 쓰거나 강의하고, 언론을 통해 의견을 개진할 수 있지만 법을 어겨서는 안된다."며 루게릭병 말기 환

자의 안락사를 도와준 잭 케보키언(Jack Kevorkian : 1928~2011)에게 2급
살인죄를 적용해 25년의 징역형을 선고했다.

　1998년 9월 17일 케보키언은 미국 미시간 주에서 루게릭병 환자 토
머스 유크에게 치사량의 약물을 투여하여 숨지게 한 혐의로 기소되었
다. 또 이 장면을 비디오테이프로 녹화해 CBS방송의 '60분' 프로를 통
해 방영토록 해 논란을 불러일으켰다.

　케보키언은 9년간 죽음을 앞둔 사람이나 불치병 환자 130여 명의 안
락사를 도와주었다고 시인해 '죽음의 의사'로 알려졌다. 그래서 이전에
도 같은 혐의로 네 차례 법정에 섰으나 시한부 환자가 고통에 울부짖는
비디오 상영과 "안락사가 최선의 선택이었다."라는 환자 유족들의 증언
을 통해 매번 무죄 또는 미결정 심리 판결로 풀려났다.

　하지만 1999년 3월 26일 배심원들이 루게릭병 말기 환자의 안락사
를 도운 케보키언에게 유죄평결을 내림으로써 같은 해 4월 26일 그는
법의 심판을 받았다.

　그 후 8년 2개월 반을 복역한 뒤 가석방되었으며, 2011년 6월 3일 83
세로 사망하였다.

━

1997년 4월 13일

골프 천재 타이거 우즈,
미국 마스터스 대회 최연소 챔피언이 되다

━

　미국의 골프 천재 엘드릭 타이거 우즈(Eldrick Tiger Woods : 1975~)가
1997년 4월 14일 마스터스 골프 대회에서 우승했다. 세계 메이저 골프

대회 사상 첫 검은 피부의 우승이었다. 이날 우즈의 우승으로 마스터스
는 다양한 역사를 새로 썼다.

사상 최초의 흑인 챔피언이 된 것뿐만 아니라 사상 최고스코어(18언
더파 270타), 사상 최연소 챔피언(21세), 사상 최다점수차 우승(12타), 후
반 54홀 사상 최고스코어, 중간 36홀 사상 최고스코어, 사상 최장타를
기록하였다.

우승이 확정되자 "타이거! 타이거!"를 연호하는 거대한 함성이 조지
아의 울창한 소나무 숲을 진동했다. 수만 관중이 도열한 가운데 타이거
우즈는 마치 정복자처럼 18번홀 그린으로 걸어왔다.

흑인인 아버지와 동양인인 어머니 사이에서 태어난 우즈는 아버지의
엄격한 조련 덕에 어렸을 때부터 두각을 나타냈다. 12세에 이미 US주
니어선수권 3연패, 18세에 사상 최연소이자 최초의 흑인으로 US아마
오픈 우승, 최단기간 상금 1백만 달러 돌파 등을 기록하며 '골프 신동'
'골프 천재'라고 불렸다.

1996년에 프로골퍼가 된 우즈는 이듬해 마스터스 대회에서 우승하
며 이 대회 최연소 챔피언이 되었다.

이후 우즈는 1999년 PGA챔피언십, 2000년 US오픈에 이어 브리티시
오픈까지 우승하여, 가장 어린 나이에 4대 메이저 대회를 석권한 그랜
드슬래머로 이름을 올렸다.

4월의
모든 역사

4월 14일

·
·
·

—

1865년 4월 14일

미국 링컨 대통령,
워싱턴에 있는 극장에서 저격당하다

—

여든 하고도 일곱 해 전, 우리의 선조들은 자유 속에 잉태된 나라, 모든 사람은 평등하다는 믿음에 바쳐진 새 나라를 이 대륙에 낳았습니다.

지금 우리는 그 나라, 혹은 그같이 태어나고 그같은 믿음을 가진 나라들이 오래토록 버틸 수가 있는가 시험받는 내전을 치르고 있습니다.

그리고 우리는 그 전쟁의 거대한 격전지가 되었던 싸움터에 모였습니다.

우리는 그 땅의 일부를, 그 나라를 살리기 위하여 이곳에서 생명을 바친 이들에게 마지막 안식처로서 바치고자 모였습니다.

이것은 우리가 그들에게 해 줘야 마땅하고 옳은 일인 것입니다.

그러나 더 넓은 의미에서, 우리는 이 땅을 헌정하거나……

봉헌 하거나…… 신성하게 할 수 없습니다.

이곳에서 싸우다 죽은, 혹은 살아남은 용사들이 이미 이 땅을 신성하게 하였으며, 우리의 미약한 힘으로는 더 이상 보탤 수도, 뺄 수도 없기 때문입니다.

우리가 지금 이 자리에서 말하는 것을 세상은 주목하지도, 오래 기억하지도 않을 것입니다.

하지만 그 용사들이 이곳에서 한 일은 결코 잊지 못할 것입니다.

우리, 살아남은 이에게 남겨진 일은 오히려,

이곳에서 싸운 이들이 오래도록 고결하게 추진해 온,

끝나지 않은 일에 헌신하는 것입니다.

우리들에게 남은 일은 오히려, 명예로이 죽은 이들의 뜻을 받들어,

그분들이 마지막 모든 것을 바쳐 헌신한 그 대의에 더욱 헌신하는 것입니다.

그것은 그분들의 죽음이 헛되지 않도록 하고,

신의 가호 아래, 이 땅에 새로운 자유를 탄생시키며,

사람들을 위한, 사람들에 의한, 사람들의 정부가 지구상에서 죽지 않도록 하는 것입니다.

-에이브러햄 링컨

1865년 4월 14일 밤, 미국 제16대 대통령 에이브러햄 링컨은 워싱턴 D.C.의 포드 극장으로 연극 '우리 미국 사촌'을 관람하러 갔다. 링컨은 5일 전 남군의 로버트 리 장군이 북군의 그랜트 장군에게 항복함에 따라 남북 전쟁이 사실상 끝났다고 판단하고 머리를 식히려 연극을 보러 온 것이었다.

연극배우 출신이자 남부 지지자인 존 윌크스 부스(John Wilkes Booth : 1838~1865)는 이날 링컨이 연극을 보러 온다는 사실을 알고, 링컨 대통령을 암살하기로 작정하였다. 부스는 사실 수개월 전부터 링컨을 납치하려 했으나 기회가 닿지 않아 살해 쪽으로 방향을 바꾸고 준비하고 있던 터였다.

저녁 6시경, 아무도 없는 극장에 들어간 부스는 칸으로 막혀 있는 대통령 관람석 바깥문을 안에서 잠가 열리지 않게 해놓았다. 연극의 3막이 진행되는 동안 다시 들어온 그는 링컨 일행을 경호하는 사람이 없음을 확인했다.

밤 10시 22분경, 그는 관람석으로 들어가면서 데린저 권총의 방아쇠를 당겨 링컨의 머리 뒤쪽을 향해 쏘았다. 링컨은 곧 고꾸라졌지만 총소리도, 이 광경을 목격한 링컨 대통령의 부인 메리 토드 링컨(Mary Todd Lincoln : 1818~1882)의 비명 소리도 연극에 몰입한 관객들의 폭소에 파묻혀 들리지 않았다.

그리고 부스는 난간에 매달려 자신을 잡으려던 워싱턴 D.C. 시장 헨리 리드 라스본(Henry Reed Rathbone : 1837~1911)을 칼로 찔러 부상을 당하게 한 뒤 "시크 셈퍼 티러니스Sic semper tyrannis!"를 외치면서 뛰어내렸다. 남군의 주 무대인 버지니아 주의 구호 "독재자의 것은 독재자에게로!"라는 뜻의 라틴어였다.

무대 위로 떨어지면서 부스는 왼쪽 다리뼈가 부러졌지만 용케도 골목으로 빠져나와 말을 타고 도망가는 데 성공했다. 링컨은 밤새 치료를 받았으나 이튿날인 4월 15일 오전 7시 20분경 사망했다. 시신은 4년 전 대통령으로 취임한 그를 태우고 고향을 떠나 워싱턴으로 달려왔던 기차에 실려 다시 그의 고향 스프링필드로 돌아갔다.

한편 부스 자신도 12일 뒤 라파하노크 강 바로 아래에 있는 버지니아의 한 농장 담배창고에서 불에 탄 채 발견되었다. 시신이 많이 훼손되어 그가 자살을 했는지 병사의 총에 맞아 죽었는지는 분명치 않았다.

* 1809년 2월 12일 '미국 16대 대통령 에이브러햄 링컨 출생' 참조
* 1861년 4월 12일 '미국에서 남북 전쟁이 일어나다' 참조
* 1863년 1월 1일 '링컨 대통령, 노예 해방 선언문 발표' 참조
* 1865년 4월 9일 '미국 남북 전쟁이 종식되다' 참조

—

1900년 4월 14일

프랑스, 파리 만국 박람회 개막

—

1900년 4월 14일 20세기의 개벽을 알리는 '파리 만국 박람회'가 개막됐다. 파리 샹 드 마르 공원에서 200일 동안 열린 박람회에는 세계 25개국의 국가관이 세워졌고, 무려 4,000만 명의 관객이 다녀 갔다.

박람회에서는 '움직이는 보도'가 처음 선보였고 토키영화가 상영됐으며 1만 개의 전등이 밤거리를 밝혀 20세기가 전기의 시대임을 예고했다. 무엇보다 이미 19세기 말에 만개하고 세기의 문턱을 넘어선 '아

르누보' 예술이 곳곳에 선보여 사람들의 눈길을 사로잡았다.

건물 구조는 최신의 철근 콘크리트로 지어져 견고함을 자랑하고 미술기획전에는 5,000여 점의 출품작이 전시됐다. 에드가 드가(Edgar De Gas : 1834~1917), 에두아르 마네(Edouard Manet : 1832~1883), 클로드 모네(Claude Monet : 1840~1926), 오귀스트 르누아르(Auguste Renoir : 1840~1919), 폴 세잔(Paul Cezanne : 1839~1906) 등도 기획전에 이름을 등재했고 19세의 피카소도 스페인관에 그림 한 점을 내걸었다.

박람회장에는 '대한제국관'도 설치돼 조선의 존재를 서양에 알렸다. 사각형 건물에 기와를 얹은 모양의 대한제국관은 프랑스 건축가 오귀스트 페레(Auguste Perret : 1874~1954)가 설계하고 조선 정부가 법부 고문으로 파견한 프랑스인 크리마지가 건물을 지었다.

도자기, 칠보공예, 장롱, 악기 등이 전시 판매됐고 폐막 뒤에는 박물관에 기증됐다. 이외에도 서양화가 휴버트 보스(Hubert Vos : 1855~1935)가 그린 고종 황제 어진과 중추원 의관 민상호의 초상화도 출품됐다.

1828년 4월 14일

노아 웹스터, 『미국 영어 사전』 출간

"살아있는 언어는 지식의 진보와 사상의 다양화에 보조를 맞추어 가지 않으면 안 된다."

　　　　　　　　　　　　　　　　　　　　　　　　　　-노아 웹스터

미국의 사전 편집자 노아 웹스터(Noah Webster : 1758~1843)가 1828년 4월 14일, 2권으로 된 『미국 영어 사전American Dictionary of the English Language』을 출간하였다.

모두 7만 항목이 실린 이 사전을 통해 웹스터는 미국이 영국의 언어와 전통에 의존하지 않는 독립된 국가임을 입증하기를 원했다.

그래서 계통적, 역사적 성격이 강한 영국의 『옥스퍼드 영어 사전Oxford English Dictionary』과는 다르게, 『미국 영어 사전』은 백과사전적 성격이 강하다. 이후 웹스터 사전은 전 세계적으로 영어 학습에 큰 영향을 끼쳤다.

—

2001년 4월 14일

일본 적군파, 해산 공식 선언

—

일본의 극좌 게릴라 조직 '적군'의 지도자 시게노부 후사코(重信房子 : 1945~)가 2001년 4월 14일 지지자들에 보낸 옥중 성명을 통해 적군파의 해산을 선언했다.

중동을 무대로 테러 활동을 벌이다 2000년 11월 일본 오사카에서 체포된 시게노부는 이날 도쿄의 지지자 집회에서 공개된 성명을 통해 "국제주의와 군사를 특성으로 했던 일본 적군의 해산을 통해 새로운 투쟁 방법에 도전하겠다."며 합법적 활동으로 전환할 방침을 밝혔다.

그녀는 "세계는 변하고 있으며 우리들의 투쟁은 불충분했고 잘못됐다."고 말했다. 이로써 1971년 공산 적군파 간부였던 시게노부 등이 해외 혁명 거점 확보를 위해 조직했던 일본 적군파는 완전히 활동을 중단했다.

* 1970년 3월 31일 '일본 적군파, 비행기 공중 납치 후 김포공항에 비상 착
  륙' 참조

—

2010년 4월 14일

중국 칭하이에 7.1 강진 발생

—

2010년 4월 14일 오전 중국 북서부 칭하이 성 위수현에서 규모 7.1
의 지진이 발생하였다. 이 지진으로 600여 명이 사망하고 1만여 명이
부상했다.

중국 칭하이 성 위수현은 시짱西藏, 쓰촨四川과 인접해 있으며, 높은
산과 계곡에 둘러싸여 있는 평균 해발 4,493m의 고지대다. 이 지진
의 진원지는 위수현 정부가 있는 제구진에서 서쪽으로 50km 떨어진
샹라슈향 르마촌인 것으로 확인됐으며, 지면과 비교적 가까운 지하
33km에서 발생하였다.

또한 7.1 강진에 이어 규모 6.3의 여진이 잇따르면서 주택과 사찰,
주유소, 전봇대 등이 무너졌으며 산사태와 도로 유실, 전력 공급 중단
및 통신 두절 사태가 초래됐다.

특히 지진으로 나무와 흙으로 만들어진 집들이 대부분 붕괴했고 일
부 학교 건물도 무너져 인명 피해 규모가 더 커졌다.

4월의
모든 역사

4월 15일

1912년 4월 15일

타이타닉호, 첫 출항에서 침몰하다

세계 최대 호화 여객선 타이타닉호의 객실은 1~3등실까지 있었다. 1등실 객실은 최상층인 보트 갑판에서부터 갑판 E(상갑판)까지 설치되어 있었다. 부유한 승객들이 탑승한 만큼 개인 목욕탕이 있을 정도로 호화 호텔 수준이었다. 그래서 급한 사정보다는 즐기려고 승선한 승객들이 많았다. 329명의 승객들이 타고 있었다.

그리고 2등실에는 전체적으로 봤을 때 1등실만큼 좋지는 않았지만 그래도 비교적 편리한 시설들이 많이 설치되어 있었다. 객실은 갑판 D부터 갑판 G까지 설치되어 있었고, 흡연실(갑판 B), 레스토랑(갑판 B), 도서관(갑판 C), 상점 등이 설치되어 있었다. 285명의 중산층 승객들이 타고 있었다.

마지막으로 3등실에는 주로 아메리칸 드림을 꿈꾸며 미국에서 새로운 보금자리를 얻기 위해 승선한 승객들이 타고 있었다. 객실은 2등실과 마찬가지로 갑판 D부터 갑판 G까지 설치되어 있었다. 다른 배들에 비해서 비교적 좋은 대우를 해 주었으나 확실히 시설은 1등실과 2등실만 못하였다. 배 탑승 전 검역을 실시해 전염병이나 이, 벼룩을 확인했고 여자와 남자는 배의 앞머리와 뒷머리에 각각 따로 떨어져 승선했으나 가족 단위일 경우 같이 승선할 수 있었다. 710명의 가난한 승객들이 타고 있었다.

1912년 4월 14일, 세계 최대 호화 여객선 타이타닉호가 22kt의 빠른 속도로 북대서양 유빙 사이를 헤치며 미국 뉴욕을 향해 항진하고 있었다. 영국 사우샘프턴 항을 출항한 지 나흘째이자, 배가 건조된 후 첫 출항이었다.

타이타닉호는 봄에는 빙산과 충돌할 위험이 있어 주로 여름에 이용되는 거리가 짧은 코스를 선택했다. 하지만 타이타닉호가 위험을 무릅쓰면서까지 이 코스를 고집한 것은 함께 대서양을 운행하는 경쟁사 큐나드 라인사社가 세계 최고속 신형 여객선 루지타니아 호를 건조하고 있었기 때문이었다. 최단 시간으로 대서양을 횡단한 배에 주어지는 '블루 리본상'도 선주와 선장을 자극했다.

타이타닉호는 4만 6,329t의 무게에 배 길이 268.8m, 너비 28.19m로 곧추 세우면 지상의 어느 빌딩보다도 높았고 시설도 초일류 호텔급으로 꾸며져 '떠 있는 궁전'으로 불렸다. 건조비도 현재 돈으로 환산하면 4억 달러에 이르는 어마어마한 돈이 투입됐다.

하지만 여느 때처럼 안개가 심했던 오후 11시 45분쯤, 배가 뉴펀들랜드 동남쪽 640km 해상에 이르렀을 즈음에 북대서양을 떠다니는 거대한 빙산이 오른쪽 뱃전을 들이박았다. 충돌 당시의 충격은 그리 크지 않았는지 대부분의 승객들은 잠에서 깨어나지 않았다.

그럼에도 배는 오른쪽 앞부분 흘수선 아래로부터 찢어지기 시작하더니 곧 90m 크기의 구멍이 뚫려 3시간 만에 3,950m의 해저 속으로 가라앉았다. 구명보트도 승객 수의 절반밖에 없었다.

SOS를 수신한 인근의 여객선이 현장에 도착했을 때에는 4월 15일 새벽 4시였다. 승객 2,274명 중 부랴부랴 771명을 구조했지만 1,513명은 이미 이 세상 사람이 아니었다.

당시 타이타닉호에서는 승객들을 안심시키려고 침몰하기 전까지 음악을 연주했다는 이야기가 전해지기도 한다.

1985년 탐사대가 타이타닉호의 잔해를 발견하였으며, 미국의 제임스 카메론(James Francis Cameron : 1954~) 감독이 이 사건을 영화로 만들어 화제가 되었다.

* 1998년 3월 24일 '영화 「타이타닉」 아카데미 11개 부문 수상' 참조

1998년 4월 15일

킬링필드의 주범, 폴 포트 심장마비로 사망

'킬링필드'란 1975~1979년 미증유의 대량 학살이 자행된 캄보디아를 지칭하는 말로, 1984년 미국 할리우드에서 제작한 같은 이름의 영화를 통해 참상이 알려지면서 고유명사처럼 쓰이게 됐다.

200만여 명을 학살한 '킬링필드'의 주범이자 캄보디아 크메르 루주의 지도자였던 폴 포트(Dol Pot : 1925~1998)가 1998년 4월 15일 심장마비로 사망했다.

폴 포트는 1928년 5월 25일 캄보디아 프놈펜 북부에서 90여 마일 떨어진 캄퐁톰 주 프랙 스바우브 마을에서 9남매 중 여덟째로 태어났다. 태어날 당시에 이름은 살로수 사였으나, 캄보디아의 공산 혁명 이후 1976년에 '민주 캄푸치아' 국國 선포와 함께 폴 포트로 개명했다.

폴 포트는 정권을 잡은 후 이상적 '농민 천국'을 구현한다며 도시인

을 농촌으로 강제 이주시키고, 화폐와 사유재산, 종교를 폐지했다.

이 과정에서 과거 론 놀(Lon Nol : 1913~1985) 정권에 협력했다는 이유로 지식인, 정치인, 군인 등 캄보디아 전체 인구의 4분의 1에 달하는 200여만 명이 살육되었으며 또한 국민을 개조한다는 명분 아래 노동자, 농민, 부녀자, 어린이까지 닥치는 대로 살해됐다.

킬링필드의 처참한 현장으로 유명한 프놈펜 외곽 중엑의 한 마을에서는 6,000평 면적 100여 개의 구덩이에서 9,000여 개의 해골이 발굴됐고, 프놈펜 남동쪽 25km 살라 담나크의 한 사범학교 잔해더미에서는 2,000여 구의 해골이 발견됐다.

이후 폴 포트는 1979년 친親 베트남군에 의해 수도 프놈펜이 함락되면서 해임되었고 게릴라군 총사령관을 지내다가 1985년 총사령관직을 사임하였다.

1985년 4월 15일

남아프리카 공화국, 잡혼금지법 철폐

남아프리카 공화국이 1985년 4월 15일 인종 차별 정책으로 악명 높은 흑백 인종 간의 결혼을 금하는 잡혼금지법과 연애, 섹스를 금하는 배덕법을 폐지한다고 발표했다. 1984년 7월 의회 특별 조사 위원회의 양법 폐지 권고를 남아공 정부가 받아들인 결과였다.

남아공 정부는 이전에 인종 간의 교류 금지를 주요 정책으로 추진해왔다. 하지만 아파르트헤이트(인종 차별 정책)에 대한 국내외의 비난이 점증하고 무기 금수, 경제 제재 등에 의해 국제사회에서 고립됐기 때문에 이같은 결정을 내리게 됐다.

이 융화책은 남아공으로서는 획기적인 정책이었지만, 흑인의 참정권과 권력 이양은 여전히 인정되지 않았기에 흑인들의 반발을 가져왔다. 이에 흑인의 반대 시위가 걷잡을 수 없게 확산됐고, 그해 10월에는 요하네스버그에서 흑인 폭동이 발생했다.

—

1986년 4월 15일

미국, 리비아 폭격

—

1986년 4월 15일 오전 2시, 150여 대의 미 공군기들이 리비아의 수도 트리폴리와 벵가지에 60t의 폭탄을 쏟아 부었다. 단일 폭격으로는 제2차 세계 대전 이후 최대 규모였다. 폭격으로 카다피의 양녀를 비롯한 100명 이상의 리비아인들이 사망했다.

1986년 4월 5일 독일 베를린에서 폭탄 테러가 일어나 미군 2명이 사망하는 사건이 발생하였는데, 미국은 이 사건의 배후를 리비아로 단정하고, 여기에 대해 응징 조치를 취한 것이었다. 나토NATO는 미국의 폭격을 반대했지만 이라크 전쟁에서 그랬듯이 영국만은 찬성하였다.

미국의 리비아 공습은 정당성을 두고 국제 사회에서 많은 논란을 불러일으켰으며, 한때나마 국제 정세를 크게 냉각시켜 제2차 미-소 정상 회담을 지연시키는 결과를 가져왔다.

하지만 리비아 폭격에도 불구하고 테러는 계속돼 폭격 수일 후 레바논에서 인질로 잡혀있던 미국인 1명과 영국인 3명이 보복 살해됐고, 런던과 파리, 빈에서도 폭파 사건이 일어났다.

4월의
모든 역사

4월 16일

■
·
■

2007년 4월 16일

재미교포 조승희, 버지니아 공대 총기 사건을 저지르다

"나는 모세처럼 바다를 가르고 나의 백성, 모든 시대의 연약하고 무방비인 어린이들을 이끈다. 너 때문에 이 일을 저질렀다."

-조승희

미국은 총기를 소지하는 것이 허용되는 나라다. 그래서 총기로 인한 사건 사고가 자주 일어난다.

일례로 1966년에는 텍사스 주 오스틴 소재 텍사스 대학교 구내에서 찰스 휘트먼이 총기를 난사해 15명이 살해당하고 31명이 부상했다. 또한 1998년 4월에는 아칸소 주 요네스보로의 웨스트사이드 중학교에서 각각 11세와 13세인 두 명의 중학생이 총기를 난사하여 교사 1명과 동료 학생 4명을 사망케 하였다. 그런가 하면 1999년 콜로라도 주 리틀턴의 컬럼바인 고등학교에서는 2명의 고교생이 12명의 학생과 교사를 살해한 후 자살했다.

그러면 왜 총기로 인한 사건 사고가 이렇게 많이 발생함에도 불구하고, 미국에서는 총기 규제를 하지 않는 걸까. 그건 바로 미국 총기 협회의 로비 때문이다.

총기 사고 방지를 위한 각종 규제 조치에 반대하는 보수적 성격을 띤 미국 총기 협회(NRA : National Rifle Association of America)는 1871년 조직되어 워싱턴 D.C.에 본부를 두고 있다. 430만 명의 엄청난 회원을 거느리고 있을 뿐만 아니라 정계에 가장 많은 정치헌금을 퍼붓는다.

또한 2000년 미국 대통령 선거에서는 총기 규제에 찬성하는 민주당의 앨 고어(Al Gore : 1948) 후보 대신, 총기 휴대 권리를 지지했던 공화당의 조지 워커 부시(George Walker Bush : 1946) 후보를 밀어 당선시킨 강력한 이익단체다.

그래서 총기 사건이 날 때마다 많은 사람들이 총기 사고 방지를 위해 법적으로 총기를 규제할 것을 외치지만 NRA의 강력한 로비력에 부딪혀 좌절되는 경우가 대부분이다.

이 때문에 미국 버지니아 주 블랙스버그에 위치한 버지니아 공대 캠

퍼스에서 2007년 4월 16일 총기에 의한 살인 사건이 또다시 벌어졌다. 이른바 버지니아 공대 총기 난사 사건이다.

이 사건은 교내의 웨스트 앰블러 존스턴 기숙사과 노리스 홀에서 두 차례에 걸쳐 발생했으며, 이 사건으로 인해 32명이 총상으로 목숨을 잃었고, 29명이 부상을 입었다. 이는 미국 역사상 최악의 총기 살인 사건으로 언급되고 있다.

사건의 범인은 재미 한국인 조승희로 밝혀졌다. 그는 버지니아 공대 영문학과 4학년생으로, 대한민국 국적을 가진 미국 영주권자였으며 8세 때 미국에 이민을 간 이민 1.5세대였다.

조승희는 학교에서 친구들과 전혀 어울리지 않을 정도로 사교성이 거의 없었고, 정신과 약을 복용하고 있었다. 이런 조승희 때문에 많은 학생들이 함께 수업 듣기를 거부할 정도였다.

또한 조승희는 학생들이 말을 걸어도 묵묵부답이었고, 출석부에 이름 대신 물음표를 적어 넣는 바람에 '물음표 학생'으로 통했다고 했다. 조승희는 사건 직후 자살하였다.

━

1987년 4월 16일

미사일 기술 통제 체제 창설

━

1970년대에 들어서면서 개발도상국들의 미사일 개발에 대한 우려가 높아졌다. 이에 1985년 미국의 로널드 레이건(Ronald Wilson Reagan : 1911~2004) 대통령은 「국가 안보 결심 명령서 제70호」를 통해 탄도 미사일 확산 방지 대책을 강구하라고 지시하였다.

이때 처음으로 구상된 것이 미사일 기술 통제 체제(MTCR : Missile Technology Control Regime)이다.

그래서 1987년 4월 16일, 미국의 제안에 의해 캐나다, 프랑스, 독일, 이탈리아, 일본, 영국, 미국 등 7개국이 참여한 가운데 미사일 기술 통제 체제가 비공식 협정 형식으로 창설됐다. 처음에는 '핵무기 운반 미사일'만을 대상으로 했으나 1993년 1월 이후 '모든 대량 파괴 무기 운반용 미사일'까지로 확대되었다.

미사일 기술 통제 체제는 일종의 미사일 확산 방지를 위한 규범적 차원의 약속 체계다. 따라서 공식적인 국제 조약이나 협약은 아니므로 법적인 효력도 각국의 국내법에 따라 다르게 적용된다.

회원 가입은 만장일치제를 채택하고 있으며, 우리나라도 2001년에 정식 회원국으로 가입하였다. 2012년 현재 회원국은 34개국이다.

1972년 4월 16일

일본의 노벨문학상 수상 작가
가와바다 야스나리 자살

긴 터널을 빠져나가니 눈이 많이 내리는 마을이 다가왔다. 어둔 밤의 바닥이 환해졌고, 역 앞에서 기차가 멎었다. 맞은편에 앉아있던 아가씨가 다가오더니 시마무라 앞에 있는 유리창을 열어 젖혔다. 눈의 찬 기운이 흘러들어왔다. 아가씨는 차창 밖으로 몸을 쑥 내밀더니, 먼 곳을 향해서 큰 소리로 외쳤다. "역장님! 역장님!"

-가와바다 야스나리, 『설국』

시마무라가 마음에 담고 있던 기생인 고마코와의 만남을 떠올리며 눈이 많이 내리는 한 마을을 찾아가는 것으로 시작되는 『설국雪國』은 근대 일본 서정문학의 대표작이다.

『설국』을 쓴 가와바다 야스나리(川端康成: 1899~1972)는 1899년 일본 오사카에서 태어났다. 그는 어려서 부모를 잃었고, 곧 하나뿐인 누나도 그의 곁을 떠났다. 16세 때엔 할아버지마저 백내장으로 눈이 멀어, 그의 소설에선 자주 우수에 젖은 서정성과 미화된 죽음이 묻어나왔다.

가와바다는 1924년에 『문예시대』를 창간하였으며, 1926년에 반半 자전적인 소설 『이즈의 무희』로 문단에 발을 들여놓았다. 이후 『수정환상』『금수』 같은 많은 문제작들을 발표하였다. 가와바다는 특히 일본 펜클럽 회장으로 활동하면서 1957년에 국제펜클럽대회를 유치하고 일본 문학을 세계에 알리는 데 노력했다.

또한 가와바다는 『설국』을 써서 1968년 타고르에 이어 동양에서는 두 번째로, 일본인으로서는 최초로 노벨문학상까지 받아 일본을 대표하는 작가로 세계에 알려지게 되었다. 『설국』은 1935년부터 1947년까지 『문예춘추』 등에 발표한 글을 소겐출판사가 모아 출간한 것이다.

그렇지만 1972년 4월 16일, 일본적 미학을 추구했던 작가 가와바다는 유서도 남기지 않은 채 가스관을 입에 물고 자살했다. 제자 미시마 유키오(三島由紀夫 : 192~1970)가 군국주의 부활을 외치며 할복자살한 지 1년 5개월이 지난 후였다.

—

1961년 4월 16일

피델 카스트로, 쿠바 사회주의 국가 선언

—

1956년 12월 피델 카스트로(Fidel Alejandro Castro Ruz : 1926~), 체 게바라(Che Guevara : 1928~1967) 등 17명의 주도로 시에라마에스트라에서 출발한 쿠바의 게릴라 운동은 1959년 1월 1일 풀헨시오 바티스타(Fulgencio Batista Zaldivar : 1901~1973) 정권을 축출하고 민주주의 혁명을 이루게 되었다.

초기에 카스트로 정부는 혁명의 조건대로 토지 개혁 등을 통해 민주주의 혁명 정부로 발전하는가 싶었다. 하지만 1961년 1월 미국과 국교를 단절하고, 이어 기업의 국유화와 농업의 집단화를 단행하였다.

그리고 4월 16일 카스트로가 혁명의 사회주의적 성격을 선언함으로써 쿠바는 사회주의 국가로 탈바꿈하게 되었다.

* 1961년 4월 17일 '미국, 쿠바 피그만 침공' 참조

—

1917년 4월 16일

블라디미르 레닌, 봉인 열차 타고 러시아로 귀국

—

1917년 4월 16일 깊은 밤, 스위스에 망명 중이던 러시아의 혁명 지도자 블라디미르 레닌(Vladimir Il'ich Lenin : 1870~1924)이 독일이 제공한 봉인 열차를 타고 혁명의 도시 페트로그라드 핀란드역에 도착, 10년 만

에 조국 러시아 땅을 밟았다.

같은 해 일어난 2월 혁명으로 지주-부르조아 들의 임시 정부와 노동자-병사 들의 소비에트 간 대립이 첨예하게 맞서던 러시아에 도착한 것이었다.

차르 타도 후 구성된 러시아 임시 정부와 연합국은 '제국주의 전쟁 반대'를 외치는 레닌의 귀국을 원치 않았지만 독일 군부는 레닌을 통해 러시아 내 전쟁 의지를 약화시킬 필요가 있었다.

그래서 1917년 4월 9일, 레닌은 귀국을 위해 32명의 러시아 망명가들과 함께 독일이 제공한 봉인열차에 오른 것이다. 열차는 문은 봉인한 채 여권과 짐 검사도 없이 스위스 국경을 지나 독일을 통과한 뒤 스웨덴(중립국)과 핀란드를 거쳐 4월 16일 밤에 러시아에 도착했다.

다음 날 4월 17일 오후 개최된 볼셰비키 회의에서 레닌은 10개항에 걸친 '4월 테제April Theses'를 발표했다. 그 내용인 즉 '모든 권력은 소비에트로' '전쟁을 계속하고자 하는 임시정부 타도' '자본주의의 타도 없이 종전은 불가능하다' 등이었다.

이 내용은 볼셰비키 당의 기본 방침으로 받아들여져 독일의 11월 혁명을 일으키는 계기가 되었다.

* **1918년 11월 7일 '독일에서 11월 혁명이 발생하다' 참조**

1972년 4월 16일

미국, 우주선 아폴로 16호 발사

1969년 7월, 미국 우주선 아폴로 11호가 달에 착륙한 지 3년이 지난 1972년 4월 16일에 아폴로 16호가 발사되어 달의 육지에 착륙하였다.

아폴로 16호는 미 항공 우주국의 아폴로 계획에 의해 발사된 열 번째 유인 우주선으로, 달 착륙으로는 다섯 번째였다.

이 우주선은 '고요의 바다' 서쪽 데카르트 크레이터 근처에서 활동하다가 95.71kg의 월석을 채취하고 4월 27일 무사히 지구로 돌아왔다.

여기에서 가져온 돌을 분석한 결과 전에 가져온 그것보다도 훨씬 오래된, 40억 년이나 된 돌로 밝혀져 사람들의 이목을 집중시켰다.

* 1969년 7월 20일 '아폴로 11호, 인류 최초로 달에 착륙하다' 참조

4월의
모든 역사

4월 17일

1961년 4월 17일

미국, 쿠바 피그만을 침공하다

"케네디는 이 계획에서 어떠한 일이 있어도 미군은 투입되지 않을 것이라는 것을 수차례 밝혔었다. 그러나 미 중앙 정보국과 쿠바 망명객들은 아마도 때가 오면 케네디가 별 수 없이 미군을 파병하고야 말 것이라고 믿었다."

-아서 슐레진저

1961년 4월 17일, 1,400여 명의 쿠바 망명객들을 태운 7척의 미국 함대가 쿠바 남쪽 해안에 있는 피그만에 조용히 닻을 내렸다. 이들은 미 중앙 정보국으로부터 훈련받은 사람들로서 쿠바 내 반혁명 세력과 연합하여 피델 카스트로 정권을 전복할 계획이었다. 망명객들은 쿠바인들이 카스트로에 반대하여 궐기하면서 그들을 환영할 것을 기대하였었다. 하지만 쿠바 내 반혁명 세력이 미미하여서 반란은 일어나지 않았고, 설상가상으로 망명객 안에 첩자까지 숨어 있었다.

미국의 쿠바 피그만 침공 전쟁은 48시간 동안 계속되었다. 첫날은 쿠바의 공격을 저지할 수 있었으나 둘째 날은 역부족이었다. 카스트로의 공군이 무기 적재함을 침몰시켰기 때문에 탄약 보급이 떨어져 갔고, 망명객들은 단지 니카라과에 본부를 두었던 취약한 비행단의 활동에 의존할 수밖에 없는 형편이었다. 그래서 미 공군의 지원 사격이 없이는 망명객들의 비행기가 어디에라도 상륙하여 그들을 재보급시킬 수가 없었다. 결과는 미국의 참담한 패배로 끝났다. 쿠바군의 폭격으로 사흘만에 200여 명이 숨지고 1,200여 명이 체포됐다.

미국의 쿠바에 대한 피그만 침공 계획은 원래 전임 대통령인 드와이트 아이젠하워가 확정한 것이었지만 시기를 놓쳐서 1961년 취임한 존 피츠제럴드 케네디(John Fitzgerald Kennedy : 1917~1963) 대통령이 미국 군대가 개입하지 않는다는 조건하에 승인하였던 것이다. 아무튼 실패에 따른 비난의 화살은 케네디가 뒤집어썼다. 케네디는 국제사회에서 망신당한 것은 물론이고, 대對국민 사과 성명까지 발표하게 돼 지도력에도 상처를 입었다.

뒷날 케네디는 "내가 그토록 어리석었단 말인가."라며 가슴을 쳤다고 한다. 이에 반해 카스트로는 영광스러운 승리자가 됐을 뿐만 아니라 포로 몸값으로 6,000만 달러 상당의 식품과 의약품까지 챙겼다.

쿠바와 미국의 관계가 원래부터 안 좋았던 것은 아니었다. 1959년 1월, 쿠바에 카스트로 정권이 들어서고 1주일 뒤 미국이 쿠바의 신정권을 승인할 때만 해도 양국 관계는 우호적이었다. 그러나 카스트로가 쿠바 내 미국 재산을 몰수하고 결국 1961년 1월, 미국이 쿠바와의 단교를 선언하면서 쿠바는 미국의 눈엣가시가 된 것이었다.

쿠바는 피그만 침공 사건을 계기로 소련과 급속도로 가까워져 이듬해 소련의 핵미사일을 끌어들임으로써 쿠바 미사일 위기를 촉발시켰다.

* 1962년 10월 14일 '쿠바 미사일 사태 발생' 참조

ㅡ

1971년 4월 17일

동파키스탄, 방글라데시 공화국 수립

ㅡ

파키스탄 중앙정부와 대립, 내전을 해 온 동파키스탄 해방 세력이 1971년 4월 17일 방글라데시(벵골어로 '벵골인의 나라'를 뜻함) 인민 공화국으로 독립했다.

파키스탄은 1947년 영국에 의해 인도와 파키스탄으로 분리·독립됐지만 그 내부 또한 종교를 달리한 동·서 파키스탄으로 나뉘어 있었다.

서파키스탄으로부터 1,600km 떨어진 동파키스탄은 주민이 벵골인임에도 벵골어가 공용어로 채택되지 않는 등 서파키스탄으로부터 차별을 받아왔다. 이 차별에 대한 불만과 분노가 동파키스탄인에게 민족 의식을 불러일으켰다. 이에 서파키스탄으로부터의 독립을 목표로, 동파

키스탄인들이 아와미 연맹을 결성했다.

1970년 12월 파키스탄 제헌 의회 선거에서 아와미 연맹이 동파키스탄의 자치를 쟁취하기 위한 6개 항목의 제안을 공약으로 내걸어 압승함으로써 비로소 동파키스탄 독립의 계기를 마련했다.

그 후 1971년 3월 26일 서파키스탄군의 유혈 진압에 맞서 벵골 애국주의자들은 독립된 방글라데시 공화국을 선포하고, 4월 17일 방글라데시 인민 공화국을 수립할 수 있었다.

* 1971년 3월 26일 '방글라데시, 독립을 선언하다' 참조

1956년 4월 17일

국제 공산당 정보 기관, 코민포름 해산

1947년 9월 소련을 비롯한 9개국 공산당 대표가 폴란드 수도 바르샤바에 모여 국제 공산당 정보 기관인 코민포름(Cominform : Communist Information Bureau)을 창설하였다.

코민포름은 제2차 세계 대전 후 미국을 중심으로 반反공산주의 공세가 강화되자 소련 공산당 중앙위 서기 게오르기 말렌코프(Georgii Maksimilianovich Malenkov : 1902~1988), 폴란드 부수상 브와디스와프 고무우카(Wladyslaw Gomulka : 1905~1982) 그리고 프랑스-이탈리아 공산당 대표가 모여 비밀회의 끝에 공산당 단체를 결성키로 한 것이 계기였다.

코민포름의 주요 활동은 공산당의 국제적 유대를 강화하기 위해 선

전물을 제작하는 것이었다. 하지만 국제혁명의 도구라기보다는 소련의 정책을 추진하는 도구로 더 많이 이용되었다. 따라서 소련 공산당이 주도적으로 활동 방법을 정하고 조직을 꾸려나가는 것이 오히려 공산주의 운동의 발전을 저해하게 됐다며 1956년 4월 17일 공식적으로 코민포름의 해체를 결정했다.

이로써 국제 공산당 조직은 형식상으로는 존재하지 않게 되었으며, 대신 세계 공산당 대회 형식으로 국제 공산주의 운동의 행동을 통일하게 되었다.

1895년 4월 17일

청나라와 일본, 시모노세키 조약 체결

청은 조선이 독립국임을 승인한다. 청은 요동반도, 팽후도, 타이완을 할양한다. 청은 2억 냥의 배상금을 지불한다. 청은 일본인의 거주, 영업, 무역의 자유를 승인한다.

청나라와 일본은 1894년 1월부터 조선에서 일어난 갑오농민전쟁을 평계로 조선에 진출하여 1895년 4월까지 청일전쟁을 치렀다. 전쟁은 일본의 승리로 끝나 미국의 중재로 청나라의 이홍장(李鴻章 : 1823~1901)과 일본의 이토 히로부미(伊藤博文 : 1841~1909)가 4월 17일에 시모노세키 조약下關條約을 체결하였다.

이 조약은 전문 11개 조항의 강화조약과 의정서 및 별약으로 이루어졌다. 이 결과 일본은 한반도를 그 세력권에 넣어 대륙으로 진출할 수 있는 기회를 마련하였다.

시모노세키 조약에 따라 타이완은 일본에 할양되기로 되어 있었다. 타이완이 이를 알고 저항하였으나 일본은 1895년 11월에 타이완을 진압하였다.

1946년 4월 17일

시리아, 프랑스에서 독립

제2차 세계 대전이 끝난 직후인 1946년 4월 17일, 시리아가 프랑스로부터의 독립을 선포하였다.

제1차 세계 대전이 끝나기 바로 직전인 1918년 10월, 영국의 에드몬드 알렌비(Edmund Allenby : 1861~1936) 장군은 300년 가까이 오스만 제국에 의해 지배를 받아온 시리아를 접수하였다. 하지만 1916년 영국과 프랑스 간에 체결된 사이크스피코 협정Sykes-Picot Agreement에 따라 1920년부터 프랑스가 시리아를 위임 통치하게 되었다.

1936년에 시리아는 공화국을 수립하였지만 제2차 세계 대전이 일어나는 바람에 완전한 독립을 이루지 못했다. 또한 제2차 세계 대전 중에도 시리아는 프랑스 괴뢰정권 비시정부군에 가담한 식민지 당국군과 자유프랑스 · 영국 연합군과의 전쟁터가 되기도 하는 등 어려움을 겪었다. 그리고 제2차 세계 대전이 끝난 후에도 프랑스군의 시리아 점령은 한동안 계속되었다.

시리아는 1945년 유엔에 가입하면서 독립국의 위치를 다졌으며, 마침내 1946년 4월에 프랑스군이 철수하면서 완전 독립이 실현되었다.

4월의
모든 역사

4월 18일

■
·
■

1921년 4월 18일

스웨덴의 고고학자 안데르손,
중국 양사오 문화 유적을 발견하다

1921년 4월 18일, 스웨덴의 요한 안데르손은 중국 허난성 양사오에서 채도와 간석기를 포함한 신석기 문화를 발견하였다. 그는 채도가 서아시아의 채도와 비슷하다는 것을 근거로 중국 채도의 서방 기원설을 주장하여 중국학계에 많은 논쟁을 일으켰다. 이에 대해 중국 학자들은 채도가 중국에서 발생한 것이라고 맞섰다.

결국 본격적인 발굴이 시작되면서 중원의 양사오 문화가 서쪽 지역인 간쑤성의 양사오 문화보다 빠르다는 것이 밝혀져 중국 학자들이 주장한 중국 기원설이 더욱 설득력을 얻게 되었다.

이후 중국 문화의 기원에 대한 많은 연구가 이루어져, 중국 문명 이전인 선사 시대의 중국을 그려볼 수 있게 되었다.

스웨덴의 지질학자이자 고고학자인 요한 군나르 안데르손(Johan Gunnar Andersson : 1874~1960)은 1926년 중국 저우커우뎬周口店에서 인류의 것으로 보이는 치아를 발견했다.

그는 1914년부터 중국 정부로부터 초빙되어 중국 각지의 지질 조사를 하는 한편, 고생물학적·고고학적 조사 발굴에 종사하고 있었다.

1929년에 중국학자가 같은 곳에서 기원전 46~23만 년 전에 살았던 것으로 보이는 인간의 두개골을 발견하여 이를 베이징원인北京猿人이라고 이름 지었다.

이를 계기로 중국에서는 자신들의 조상을 찾는 작업이 활발해졌다. 1964년에는 60만 년 전의 인골로 추정되는 랸텐원인을 발견하였고, 1965년에는 원난성 위안머우에서 100만 년 전의 인골로 추정되는 위안머우런을 발견하였다.

중국 구석기 후기의 문화는 기원전 2만 5000년 전에 시작되며, 이 시기에 살았던 오르도스인, 기린산인, 산정동인 등의 화석이 발견되었다. 이들은 중석기 시대를 거치면서 다른 지역의 신석기 시대 인류와 같이 석기를 갈아서 사용했고 토기를 만들었다.

또한 중국의 신석기 시대는 기원전 7000년 전부터 시작하며, 대표적인 문화가 양사오 문화仰韶文化와 룽산 문화龍山文化이다.

1921년 4월 18일 앤더슨은 중국 허난성 양사오에서 색깔 있는 토기인 채도彩陶를 중심으로 하는 양사오 문화를 발견하는 성과를 올렸다. 그 이후 양사오 문화는 서안, 랴오닝, 신장 등 1,000개 이상의 유적지에서 확인되고 있다.

양사오 문화는 기원전 5000년 무렵에 시작되어 기원전 2500년 무렵에 사라지며, 신석기 문화의 특징인 농경 생활, 토기의 사용, 정착 생활을 누리고 있었다. 무덤에서 나온 뼈를 살펴보면 남쪽의 중국인과 비슷하여 오늘날 중국인의 조상으로 추측되고 있다.

룽산 문화는 서쪽으로는 협서에서 동쪽으로는 발해만까지 이어져 있어 전체적으로 보면 양사오 문화보다 동쪽 지역에서 번성하였다. 1930년 산둥성山東省 청쯔야城子崖에서 유적이 발견되었으며, 발견되었을 때 검은색을 띠는 토기인 흑도黑陶가 많이 발견되었다.

그래서 양사오 문화의 채도 문화와 비교하여 흑도 문화라고도 한다. 한편, 허난성河南省 허우강後岡 유적의 땅 속 제일 깊은 곳에서는 양사오 문화의 유물들이, 그 위에서는 룽산 문화의 유물들이, 다시 그 위에서는 은나라의 유물들이 발견되었다.

이것은 땅속에 깊이 있을수록 더욱 오래된 유물일 것이라는 원칙(지층 누중의 원칙)에 따라, 룽산 문화는 양사오 문화를 뒤이어 발생한 것으로 판명되었다. 룽산 문화는 양사오 문화보다 더욱 넓게 분포하고 있으며, 흑도에서는 특히 세 발 달린 토기인 삼족기三足器가 많이 보이고 있다. 양사오 문화와 룽산 문화 이외에도 양자강 유역에도 다른 문화권이 발견되고 있다.

양사오 문화와 룽산 문화를 거치면서 중국에는 많은 도시가 생기게 되었고, 이후 삼황오제의 전설을 거쳐 중국 최초의 고대 국가인 은나라와 주나라가 세워졌다.

1955년 4월 18일

아시아-아프리카 회의, 인도네시아 반둥에서 개최

"인류 역사상 최초로 유색인들이 대륙을 넘어 모임을 가졌고 침묵하던 사람들이 목소리를 다시 찾았습니다. 이제 현대적인 포장을 한 모든 식민주의를 타파합시다." 수카르노 인도네시아 대통령은 아시아-아프리카 회의 개막 연설에서 제3세계의 출발을 알렸다.

제3세계라는 것은 과거 프랑스 혁명에서 평민을 제3신분이라고 부른 것에서 힌트를 얻은 것으로, 아시아와 아프리카 · 라틴아메리카의 개발도상국가들을 일컫는 말로 사용되고 있다. 이는 서유럽을 중심으로 한 선진 자본주의 국가를 제1세계, 소련 · 동유럽의 사회주의 국가를 제2세계라고 부르는 것에 대비한 것이다.

제3세계 국가들은 대부분 과거에 식민지를 겪었거나 식민지 상태에 가까이 있던 나라들로, 1955년 4월 18일 인도네시아 자바섬의 반둥에서 개막한 반둥 회의(아시아 · 아프리카 회의, AA회의)를 통하여 강대국과 선진국 중심의 세계를 비판하고 나섰다.

회의가 개최되기까지는 콜롬보 그룹이라고 불리던 인도네시아, 인도, 파키스탄, 스리랑카, 미얀마 등이 큰 역할을 했다. 이들의 노력으로 29개국의 대표들이 회의에 참여하였는데, 인구로는 전 세계 인구의 반 이상을 대표하였다.

반둥 회의는 "단결을 굳건히 하기 위한 모임이었으며, 이데올로기를 토의하고 싸움하기 위한 장소가 아니었다."는 중국 총리 저우언라이의

말처럼 소외된 아시아와 아프리카 국가들의 결속을 다짐하기 위한 것
이었다.

반둥 회의는 4월 24일 '세계 평화와 국제 협력 증진에 관한 선언'을
발표하고 폐막되었다.

반둥 회의 이후 제3세계 국가들은 비동맹제국회의 운동을 펼쳐나갔
으며, 다수결의 원칙을 중시하는 유엔 등에서 막강한 영향력을 행사할
수 있었다.

—

1906년 4월 18일

미국, 샌프란시스코 대지진으로 3,000명 이상이 사망하다

—

1906년 4월 18일 미국 샌프란시스코에서 대규모의 지진이 발생했다.
오전 5시 12분경, 산 안드레아스 단층에서 최초의 진동이 감지되었는
데, 리히터 규모 최대 8.3을 기록하였다.

2분 후, 샌프란시스코 중심에서 3km 떨어진 곳을 진원지로 하는 지
진은 도시를 거세게 뒤흔들었다. 샌프란시스코와 캘리포니아 북쪽 해
변이 주요 영향권이었다.

지진이 일어난 직후 발생한 화재로 인해 피해가 더 커졌다. 건물 피
해의 90%가 지진 때문에 발생한 화재에 의한 것으로 보고될 정도였다.
소방국에서는 불이 번지는 것을 막기 위해 건물을 폭파했으나, 팰리스
호텔, 1,500여 종의 진기한 식물을 키웠던 식물원 등은 이미 잿더미로
사라졌다.

이 지진으로 최소 3,000여 명이 희생되었으며 30만 명에 이르는 사람들이 집을 잃었다. 피해액은 보험업계의 추산으로 2억 3,500만 달러에 달했다.

1949년 4월 18일

아일랜드 공화국, 영국 연방에서 독립

더블린에서 일어난 1916년의 이스터 봉기로부터 33년이 지난 1949년 4월 18일, 아일랜드 공화국이 정식으로 탄생하였다. 이로써 아일랜드 자유국 26주가 800여 년 가까운 영국의 지배를 벗어나 마침내 영국 연방Commonwealth of Nations으로부터 독립하게 되었다.

1653년 12월 16일, 청교도 혁명을 일으킨 올리버 크롬웰(Oliver Cromwell : 1599~1658)은 잉글랜드, 스코틀랜드, 아일랜드 등 세 나라를 통치하는 호국경Lord Protector의 자리에 올랐다. 크롬웰은 아일랜드 땅을 영국에게 주고 아일랜드인을 소작농으로 떨어뜨리는 식민지 정책을 시행하였다.

1801년에 영국과의 합병이 이루어졌으나, 아일랜드 내부에서는 청년 아일랜드당을 중심으로 민족주의 운동이 펼쳐졌다. 마침내 1937년 이몬 데 발레라(Eamon de Valera : 1882~1975) 아일랜드 수상이 영국에 대한 충성을 파기하고 아일랜드의 자치를 선언했다. 그리고 신헌법을 만들고 '에이레'라는 이름으로 독립하였다.

아일랜드는 영국이 독립을 승인하기 12년 전부터 이미 사실상의 자치국이었던 것이다. 그러다가 1949년에 국명을 아일랜드 공화국으로 바꾸고 완전히 독립하였다.

1946년 4월 18일

국제 사법 재판소, 네덜란드 헤이그에서 발족

1946년 4월 18일, 국제 사법 재판소(ICJ : International Court of Justice)가 네덜란드 헤이그에서 발족하였다.

국제 사법 재판소는 1922년 설립된 상설 국제 사법 재판소를 계승한 것으로, 제2차 세계 대전 후 국제연합UN 헌장에 따라 국제 분쟁의 법적 해결을 위해 설치된 UN의 주요 사법 기관이다. UN의 가맹국은 물론 비가맹국도 일정한 조건 아래에서 재판소 규정의 당사국이 될 수 있다.

재판소는 UN 총회 및 안전 보장 이사회에서 선출된 15명의 재판관으로 구성되며, 원칙으로 국제법을 적용하여 심리한다. 강제적 관할권은 없으며, 일정한 예외를 제외하고는 한쪽 당사자의 청구만으로는 재판의 의무가 생기지 않는다.

그러나 판결은 구속력을 가지며, 당사국이 이를 이행하지 않을 때에는 안전 보장 이사회가 적당한 조치를 취하게 된다. 재판 외에 총회, 안전 보장 이사회, 기타 총회에서 승인된 기관에 대하여 권고적 의견을 제공한다.

4월의
모든 역사

4월 19일

1775년 4월 19일

미국 독립 전쟁 콩코드 전투가 시작되다

냇물 위로 휘어진 거친 다리 옆에
그들의 깃발을 사월 미풍에 날리었다.
여기 예전에 농부들이 진을 치고
그들이 쏜 총소리는 온 세상을 울리었다.

적은 그 후 오랫동안 고요히 잠이 들었다.
승리자도 역시 고요히 자고 있다.
그리고 세월은, 낡아 무너진 그 다리를
바다로 향하는 어두운 물결에 휩쓸어 버렸다.

이 푸른 언덕 위에, 이 고요한 시냇가에,
우리는 오늘 기념비를 세운다.
우리의 선조들과 같이 우리의 자손들도 간 뒤에
그 기념이 그들의 공적에 보답할 수 있도록

그 용사들로 하여금 용감히 죽게 하시고
그들의 자손이 자유를 누리도록 하게 하신 정신이여,
세월과 자연에게 부드럽게 아끼라고 명하옵소서.
우리가 그들과 당신에게 드리는 이 비석을

-랠프 에머슨, 「콩코드 찬가」

영국이 아메리카 대륙의 식민지에 많은 세금을 부과하고 압박을 가한 것이 원인이 되어 1775년 4월 19일, 미국의 메사추네츠 주 콩코드에서 독립 전쟁이 발발했다. 이 전투는 미국의 식민지인들이 처음으로 무기를 들고 영국 정규군에 대항한 사건이었다.

미국의 시인 겸 사상가인 랠프 에머슨(Ralph Waldo Emerson : 1803~1882)은 이를 "전 세계에 울린 총성"이라고 말했다.

영국은 미국 식민지에 대해 세금을 혹독하게 부과하는 등 여러 가지 규제를 가했다. 1764년에는 '사탕조례Sugar Act'를 제정하여 설탕을 수입할 때 관세를 부과했고, 1765년에는 식민지에 주둔하는 영국군의 주둔비를 부과시키기 위해 '둔영법'을 제정하였다.

또한 '인지조례Stamp Act'까지 제정하여 식민지인들의 불만은 폭발 일보 직전이었다. 1773년 동인도 회사의 재정 지원을 목적으로 관세 없이 식민지에서 차를 팔 수 있게 하는 '차 조례Tea Act'를 제정하자, 이것이 독립 전쟁의 도화선이 된 '보스턴 차 사건'으로 이어졌다.

미국 독립 전쟁이 발발하자, 나중에 미국의 초대 대통령이 된 조지 워싱턴(George Washington : 1732~ 1799)이 미국 독립군 총사령관이 됐다. 전쟁 초반에는 식민지 군대가 불리하였으나 1777년 10월 17일 뉴욕의 북부인 사라토가에서 식민지 군대는 대승을 거뒀고 프랑스, 스페인, 네덜란드 등 동맹국의 적극적인 지원을 받아 1781년 버지니아의 요크타운에서도 승리하였다.

이후 1783년 영국과 파리 강화 조약을 체결하고 미시시피 강 동쪽의 13개주는 독립국으로 인정받게 되었다. 미국은 1776년 7월 4일을 독립기념일로 선언하였으며, 1787년 헌법을 제정하고 마침내 1789년 신생 독립 국가로 태어날 수 있었다.

* 1732년 2월 22일 '미국, 초대 대통령 조지 워싱턴 출생' 참조
* 1765년 3월 23일 '영국 의회, 인지 조례 통과' 참조

___

1993년 4월 19일

미국 사교 집단 '다윗파' 집단 자살

___

1993년 4월 19일, 미국 텍사스 주 웨이크에서 데이비드 코레쉬(David Koresh : 1959~1993)가 이끌어온 사교 집단 '다윗파'의 광신도들이 집단으로 자살하는 사건이 일어났다.

종말론을 맹신하며 무기를 갖고 다니던 신도들이 불법 무기 단속에 나선 경찰과 51일 동안 대치하다가 교주 코레쉬의 명령에 따라 불을 질러 자살한 것이다. 이 방화 사건으로 인해 어린이 24명을 포함해 교주 코레쉬와 신도 등 모두 86명이 숨졌다.

데이비드 코레쉬는 1959년 미국 텍사스 주 휴스턴에서 태어났으며, 본명은 버넌 웨인 하웰Ver-non Wayne Howell이다. 데이비드 코레쉬란 이름은 성서에 등장하는 이스라엘 왕 다윗과 페르시아 황제 고레스의 영어 이름을 합쳐 작명한 것이라고 한다.

코레쉬는 자신을 심판의 날을 예비하는 예언자이자 '하나님의 어린 양'으로 자처했고 추종자들은 그를 성서의 묵시록에 나오는 전쟁, 질병 등 신이 내릴 7가지 재앙을 개봉할 유일한 인물이라고 믿어왔다.

또한 코레쉬 자신은 신으로부터 직통계시를 받았기 때문에 신도들 또한 '특별한 사람'이 되려면 교회 내의 연인관계, 결혼관계를 끊고 자신하고만 관계를 맺도록 종용하여 사회적 논란거리가 되기도 하였다.

원래 다윗파는 미국에서 가장 극단적인 근본주의 신앙을 가졌다고 알려진 제칠일 안식교의 한 종파였다.

코레쉬는 이 다윗파를 이끌며 텍사스 주 웨이코 외곽의 31만여 평 규모의 한 농장에서 추종자들과 수도나 전기시설 없이 자체 학교와 언론기관을 운영하며 원시생활을 한 것으로 알려졌다.

—

1995년 4월 19일

미국, 오클라호마 폭탄 테러 사건 발생

—

1995년 4월 19일 미국 오클라호마 주도 오클라호마시티의 연방 기구 사무실 9층 건물이 파괴되는 강력한 차량 폭탄 테러 사건이 발생했다. 이 사건으로 어린이 9명을 포함해 168명이 사망하고 500여 명이 부상했다. 이는 1920년 9월 16일에 일어난 월 가 폭탄 사건 이후로 미국 최대의 참사였다.

이 사건의 범인은 27세의 티머시 맥베이(Timothy James McVeigh : 1968~2001)였다. 그는 1993년에 텍사스 주 웨이코에서 발생한 데이비드 코레쉬의 '다윗파 집단 자살'을 연방 정부가 진압하는 과정에서 신도 86명이 죽은 것에 대한 보복으로 범행을 저질렀다고 주장했다.

티머시는 사건 발생 6년 후인 2001년 6월 11일 인디애나 주 테러호트 연방교도소에서 사형됐다.

* **1920년 9월 16일 '월 가 폭탄 사건 발생' 참조**
* **1993년 4월 19일 '미국 사교 집단 '다윗파' 집단 자살' 참조**

—

1943년 4월 19일

폴란드 바르샤바 게토 거주 유대인, 독일에 항거

"바르샤바에는 이제 유대인 거주 지역이 한 군데도 없다. 저녁 8시 15분에 모두 종료됐다. 체포되거나 학살된 유대인 총수는 5만 6,065명이다." 1943년 5월 16일 현장 지휘관 슈트로프는 상부에 이렇게 보고했다.

제2차 세계 대전이 한창이던 1940년 11월, 독일은 유대인들을 격리하기 위해 폴란드 바르샤바에 게토를 만들었다. 이곳은 독일이 유대인들을 학살 수용소로 끌고 가기 전에 잠시 머물도록 만든 임시 거주 구역이었다. 이 좁은 게토에 40여만 명의 유대인이 살도록 강요당하였기 때문에 열악한 위생 상태를 견디지 못하고 많은 사람들이 죽었다.

1942년 7월에는 독일 상부에서 바르샤바 게토에 거주하는 유대인을 모두 동쪽으로 이주시키라는 명령이 하달되어 그해 여름에만 3만명의 유태인이 트레블린카 학살 수용소로 이송되었다.

그리고 1943년 2월, 나치친위대(SS : Schutz Staffel) 전국 지도자인 하인리히 힘플러(Heinrich Himmler : 1900~1945)가 "바르샤바의 게토를 파괴하라."고 지시하자 4월 19일에 SS대원 58명과 장교 16명이 전차와 장갑차로 게토에 침입했다.

바르샤바 게토에 남아있던 유대인들은 격렬히 저항하며 침입자들에게 유탄과 화염병을 맹렬하게 퍼부으며 필사적으로 방어했다. 하지만 무기 보급이 전혀 이루어지지 않았기 때문에 저항은 오래가지 못했다. SS대원들은 주민들의 방어 기지인 지하실을 파괴했고, 화염 방사기로 집들을 불태우며 상황을 종결시켰다.

1964년 4월 19일

스포츠 자동차 머스탱, 뉴욕 박람회에서 처음 공개

1964년 4월 19일 포드 자동차사社는
뉴욕 월드 페어 박람회에서 빨간색의 실
내 장식을 한 흰색 컨버터블의 스포츠
자동차 머스탱Mustang을 처음으로 공개하
였다. 머스탱은 '야생마'라는 뜻으로, 공
개 당시 머스탱 사양은 2.8ℓ 6기통 엔진

1966년식 포드 머스탱 카브리오

에 101마력, 최고 속도는 175km/h였다. 이는 최고 속도나 출력을 중요
시하는 유럽식이 아니라 배기량과 가속도를 중요시하는 전형적인 미국
식 스포츠카라는 의미였다.

이 차는 개인주의, 자유와 젊음의 추구라는 1960년대를 맞아 긴 보
닛과 짧은 트렁크 그리고 꼭 맞는 실내를 갖추었을 뿐만 아니라 취향
에 따라 다양한 사양을 선택할 수 있어서 당시 젊은이들에게 큰 인기를
끌었다. 그래서 첫 해에 41만 대라는 경이적인 판매고를 올렸다. 이후
1967년에는 컨버터블 스타일, 1968년에는 패스트백 쿠페가 차례로 등
장했다.

머스탱은 현재까지도 계속 새로운 모델이 개발될 정도로 인기 있는
차종이다. 또한 많은 자동차 생산 회사들이 이를 벤치마킹하여 유사 자
동차를 생산하도록 유도한 기념비적인 자동차이기도 하다.

1951년 4월 19일

제1회 미스 월드 선발 대회, 영국 런던에서 개최

1951년 영국 런던에서 개최된 브리튼 축제를 선전하기 위해 4월 19일 제1회 미스 월드 선발 대회가 열렸다.

미스 월드는 이후 세계 미인 선발 대회로 발전하여 현재 미스 유니버스, 미스 인터내셔널, 미스 어스와 함께 세계 4대 미인 대회 중 하나로 꼽힌다.

1969년부터는 '목적이 있는 아름다움'이란 표어 아래 불우한 어린이를 돕는 자선기금을 모으는 데 주력하고 있으며, 1989년에 처음으로 영국을 벗어나 홍콩에서 열린 이후 현재는 세계 여러 나라에서 개최되고 있다.

4월의
모든 역사

4월 20일

■
·
■

1902년 4월 20일

프랑스의 물리학자 퀴리 부부,
라듐 분리에 성공하다

"내 키만큼이나 큰 쇠막대로 자기냄비 속에서 부글부글 끓고 있는
광석을 하루 종일 저어야 했다. 저녁때가 되면 너무나 힘들어 말도
나오지 않을 정도였다."

-마리 퀴리

1902년 4월 20일, 마침내 퀴리 부부는 우라늄 광석에서 라듐radium을 분리하는 데 성공하였다. 라듐의 원소기호는 Ra, 원자번호는 88로 대표적인 방사성 원소이다.

마리 퀴리(Marie Curie : 1867~1934)는 1867년 폴란드의 바르샤바에서 태어났다. 결혼 전 이름은 마리아 스쿼도프스카Maria Sklodowska이다. 1895년 피에르 퀴리(Pierre Curie : 1859~1906)와 결혼하여 프랑스 국적을 취득하였다. 남편 피에르는 파리에서 출생했으며, 16세에 대학 입학 자격을 얻어 소르본 대학교에 들어가 수학과 물리학을 전공하였다.

피에르는 마리와 결혼 후, 결정 성장에 관한 문제 등을 다루던 중 방사능 연구에 흥미를 느껴 우라늄 화합물의 방사선이 원자적 성질이라는 결론을 내리고 새로운 물질 탐구에 노력하였다.

박사 논문을 준비하던 마리 퀴리 또한 1896년 프랑스의 베크렐(Antoine-Henri Becquerel : 1852~1908)이 우라늄에 방사능이 있다는 사실을 밝혀내자, 다른 광석에서도 이런 성질이 있을 것으로 생각하였다. 그녀는 아직 밝혀지지 않은 원소를 찾기 위해 남편과 공동으로 연구에 착수하였다.

퀴리 부부는 여러 가지 시료試料에 대하여 측정하던 중 우연히 우라늄 광물 피치블렌드가 우라늄 자체보다도 강한 방사능을 보인다는 것을 알고, 그 속에 미지未知의 강한 방사성 성분이 존재할 것이라고 추정하여 이것의 추출을 시도하였다.

그리고 마침내 1898년 7월 폴로늄을 발견하였다. 이것은 그녀의 조국 폴란드의 이름을 따서 명명한 것이다. 이어 그해 12월 라듐을 발견하였다.

이 두 원소는 방사성 원소로는 최초로 발견된 것으로, 특히 라듐은 우라늄에 비하여 훨씬 강한 방사능을 가진다는 점에서 중요한 의미를 지닌다. 이 발견은 방사성 물질에 대한 학계의 관심을 불러일으켜, 새 방사성 원소를 탐구하는 계기를 만들었다. 그러나 아직도 라듐이나 폴로늄을 원소나 화합물 형태로 순수하게 얻은 것은 아니었다.

그래서 퀴리 부부는 이들을 순수한 상태로 분리하고자 하였다. 그러던 1902년 4월 20일, 4년 동안 수천 번의 분리와 정제 과정을 거쳐 이들 부부는 8톤의 우라늄 폐광석에서 0.1g의 라듐을 얻는 데 성공하였다.

이러한 업적으로 1903년 퀴리 부부는 베크렐과 함께 노벨 물리학상을 받았다. 마리 퀴리는 여성 최초로 노벨상을 받은 것이었다. 1911년에는 마리 퀴리 단독으로 라듐과 폴로늄 발견에 대한 공로를 인정받아 노벨 화학상을 받았다.

이후 피에르 퀴리는 1906년 마차에 치는 교통사고로 급사하였고, 마리 퀴리는 1934년 7월 4일 백혈병으로 사망하였다. 사후 61년 만인 1995년 4월 20일 마리 퀴리는 남편 피에르 퀴리와 함께 여성으로는 최초로 역대 위인들이 안장되어 있는 파리 팡테옹 신전으로 이장되었다.

2001년 4월 20일

이탈리아의 지휘자
주세페 시노폴리 연주 도중 사망

2001년 4월 20일 베를린에 있는 국립 독일 오페라 극장에서 이탈리아 출신 지휘자 주세페 시노폴리(Giuseppe Sinopoli : 1946~2001)가 베르디의 전4막 오페라 「아이다」를 지휘하다 3막 연주 때 심장쇼크로 쓰러져 병원으로 후송됐으나 곧 사망했다. 시노폴리의 사망 소식에 음악인 들은 "바그너 작품 연주에서 탁월한 통찰력을 보여 준 지휘자를 잃었 다."고 애도했다.

1946년 이탈리아 베네치아에서 태어난 시노폴리는 1965년부터 베네 치아 음악원에서 작곡을 공부하는 한편, 파도바 대학교 의과 대학에 입 학해 정신과 수련의 과정을 밟았다. 이후 베네치아 음악원을 졸업하고, 1971년 의학박사 학위까지 받은 뒤, 오스트리아의 빈으로 옮겨 지휘 공부를 시작했다.

시노폴리는 1980년 베르디의 오페라 「맥베스」를 독창적으로 해석 하면서 세계 무대에 이름을 알리기 시작했다. 1980년 빈 국립 오페라, 1983년 런던 코벤트가든, 1985년 바이로이트 음악제와 뉴욕 메트로폴 리탄 오페라 무대에 차례로 데뷔했고, 로마의 산타 체칠리아 아카데미 오케스트라(1983~1987)와 런던 필하모니 관현악단(1984~1995)의 지휘 자를 역임했다.

이후 세계에서 가장 오래된 교향악단인 드레스덴 슈타츠카펠레의 음 악감독이자 수석지휘자를 지냈다.

—

1998년 4월 20일

독일 적군파, 자진 해체 선언

—

반제국주의를 기치로 내걸고 테러 활동을 펼쳐온 독일 적군파(RAT : Rote Armee Fraktion)가 1998년 4월 20일 로이터 통신에 "오늘로서 우리 의 과업을 종료한다. 도시 게릴라 형태로서의 적군파는 이제 역사가 됐다."는 서한을 보내며 자진 해산을 선언했다.

독일 적군파는 1960년대 말 학생운동 쇠퇴 후 사회에 적응하지 못하거나 적응을 거부한 소수의 급진 좌파들이 결성했다. 창설 주역인 안드레아스 바더(Andreas Baader : 1943~1977)와 울리케 마인호프(Ulrike Meinhof : 1934~1976)의 이름을 따 '바더마인호프 그룹'이라고 불리기도 한 독일 적군파는 마오쩌둥주의에 따른 사회주의 국가 건설이 목표였다. 마인호프는 함부르크 좌익계 잡지에서 활약했던 여성 저널리스트였고, 바더는 중산층 가정 출신의 직업운동가였다.

적군파는 '나치 잔재 척결' '베트남전 반대' '반제국주의 전쟁' 등을 기치로 내걸고 1968년 프랑크푸르트에 있는 백화점 두 곳에 불을 지른 것을 시작으로 1998년 4월 테러 활동 중단을 선언할 때까지 독일 주둔 미군 시설 및 병력, 경제인, 법조인 등을 주목표로 수많은 테러를 자행, 30여 명 이상의 목숨을 빼앗았다.

바더와 마인호프는 1976년에 검거돼 마인호프는 그해 5월 감옥에서 목을 매 자살했으며, 바더 역시 1977년 10월 감옥에서 권총으로 목숨을 끊었다. 이외에도 적군파 주요 멤버들은 이미 대부분 체포되거나 사망해 사실상 조직이 와해된 상태였다. 또한 그들의 투쟁 방식에 대해 좌파 내부에서조차 비판적 시각이 증폭되었기에 독일 적군파의 해체는 당연한 수순이었다고 볼 수 있다.

1967년 4월 20일

그리스, 무혈 쿠데타 발생

1952년부터 1963년까지 그리스는 알렉산드로스 파파요스의 그리스 연대와 콘스탄티노스 카라만리스의 국민 급진 연합 등 보수당이 집권 하였다. 1964년에는 요르요스 파판드레우의 중도 연합이 선출되었으 나, 1965년 7월에 그리스의 마지막 왕인 콘스탄티노스 2세(Constantine Ⅱ : 1940~)가 그를 해임함으로써 헌정 위기가 닥쳤다.

이런 상황에서 1967년 4월 20일, 우파 출신의 요르요스 파파도풀로 스 대령이 군사 쿠데타를 일으켜 파나요티스 카넬로풀로스의 중도 우 파 정부를 전복하고 소위 '대령들의 정권'으로 불린 그리스 군사 정권 을 세웠다. 이 쿠데타는 후에 미국 중앙 정보국이 개입한 것으로 밝혀 져, 빌 클린턴(Bill Clinton : 1946~) 미국 대통령이 그리스의 내정 개입에 대해 사과하기도 하였다.

파파도풀로스 군사 정권은 민주주의를 짓밟았다. 시민 자유는 억압 되었고, 특별 군사 재판소가 설치되었으며 각 정당은 해산되었다. 공산 주의자로 의심되는 수천 명의 사람들과 정적들이 투옥되거나 그리스의 외딴 섬으로 유배되었다.

1974년 파파도풀로스가 미국을 돕는 데 거부하자, 같은 해 두 번째 로 쿠데타가 일어나 요안니데스 대령이 새 정부 수반에 임명됨으로써 8년간의 독재 정권이 막을 내렸다.

1938년 4월 20일

베를린 올림픽 기록 영화, 「올림피아」 개봉

히틀러 생일인 1938년 4월 20일 베를린의 한 극장에서 독일 나치스가 위신을 걸고 개최한 제11회 베를린 올림픽을 필름에 담은 2부작 기록 영화 「올림피아Olympia(1부 민족의 제전, 2부 미의 제전)」가 처음으로 개봉됐다.

히틀러가 지명한 여류감독 레니 리펜슈탈(Leni Riefenstahl : 1902~2003)은 1936년 8월 1일부터 14일간에 걸쳐 개최됐던 베를린 올림픽을 40만 미터에 달하는 필름에 담아낸 후 능숙한 솜씨로 편집해냈다.

미국 흑인 육상 선수로 4종목 금메달을 획득하고 세계 기록을 세웠던 제시 오엔스(Jesse Owens : 1913~1980)의 멋진 육체의 움직임과 한국의 손기정(孫基禎 : 1912~2002) 선수가 인간 한계에 도전하는 모습 등을 다각적으로 잡아냈다. 레니는 때로는 시간적 흐름을 무시하고 약동하고 정지하는 인간의 아름다움을 주제에 따라 대담하게 추구했다.

이 영화는 '나치스의 선전 영화'라는 비판에도 불구하고 '다큐멘터리'를 예술로 승화시켰다는 찬사를 받으며 국제적인 센세이션을 불러일으켰다.

4월의
모든 역사

4월 21일

1901년 4월 21일

미국, 쿠바의 독립을 승인하다

"우리 시대가 당면한 문제는, 기층민중을 헐벗게 만드는 자본주의와 먹고사는 문제는 해결할지 몰라도 자유를 억압하는 공산주의 중에서 택일해야 한다는 점이다. 자본주의는 인간을 제물로 삼는다. 한편 공산국가는 자유에 관한 한 전체주의적인 개념 때문에 인간의 권리를 희생시킨다.

우리가 그 어느 것도 일률적으로 받아들일 수 없는 이유가 바로 여기에 있다. 우리의 혁명은 쿠바만의 주체적인 혁명이어야 한다."

-피델 카스트로

　쿠바에는 이미 수천 년 전에 타이노족 등 원주민이 농경 등을 영위하며 살고 있었으나, 15세기에 크리스토퍼 콜럼버스(Christopher Columbus : 1451~1506)에 의해 발견된 이후에는 19세기까지 스페인의 식민지로 있었다. 16세기 초부터 스페인은 쿠바에 아프리카의 흑인 노예를 수입하기 시작하더니, 19세기까지 그 수가 100만 명에 이르렀다.

　17~18세기에는 쿠바 흑인들이 여러 차례 반란을 일으키기도 했으나 스페인의 가혹한 탄압으로 끝을 맺었다. 또한 19세기에도 카를로스 마누엘 데 세스페데스(Carlos Manuel de Céspedes : 1819~1874)와 호세 마르티(José Julián Martí Pérez : 1853~1895)가 각각 독립 전쟁을 일으켰으나 군사 통치자 발레리아노 웨일러(Valeriano Weyler : 1838~1930)에게 무자비하게 진압되었다.

　1898년에 미국의 메인 호가 아바나 항에서 정박 중에 폭발한 사고로 인하여 미국과 스페인 간에 전쟁이 일어났다. 이 전쟁은 미국의 승리로 끝나고, 스페인은 쿠바를 미국에 넘겨주었다.

　종전 후 3년 동안 쿠바에서는 미국 군대의 군정軍政이 실시되었다. 하지만 쿠바는 줄기차게 독립 운동을 전개해 결국 미국은 1901년 4월 21일 쿠바의 독립을 승인하였다.

　그러나 미국은 쿠바 독립 헌장에 ‘플랫 수정 조항’의 삽입을 요구하는 조건부 승인을 했다. 플랫 수정 조항의 주요 골자는 쿠바의 관타나모 만에 미국의 군사 기지를 영원토록 허용한다는 것이었다.

　따라서 1903년에 쿠바 관타나모에 미국 해군 기지가 설치되고 쿠바의 중추적 기능을 미국 자본이 장악하는 등 쿠바는 미국의 사실상의 식민지로 전락하였다.

　쿠바는 제1차, 제2차 세계 대전에서 연합군 측에 속하였다. 하지만 명목상 선전포고를 하였을 뿐, 실제 전투에는 거의 참가하지 않았다. 그리고 1930년 마차도의 쿠데타 성공 이후, 10여 년간 계속해서 군사 정권이 들어섰다. 이들의 잇단 실정 때문에 제2차 세계 대전 이후, 쿠바 인들의 빈부 격차는 극심하게 벌어졌다.

1952년에는 군부의 지지를 받은 바티스타(Fulgencio Batista Y Zaldivar : 1901~1973)가 쿠데타를 일으켜서 정권을 장악하였다. 하지만 그는 권력을 잡자마자 독재자로 변신하였다. 그래서 1956년 바티스타 정권에 대항하여 바스킨이 쿠데타를 일으켰으나 실패로 끝나고 말았다.

그러던 1959년 피델 카스트로가 혁명을 일으켰다. 카스트로는 1961년 그 혁명이 사회주의 혁명임을 천명하였다. 이후 미국이 쿠바의 피그만을 침공하였으나 실패하였고 1962년 쿠바 미사일 위기로 미국은 쿠바를 침공하지 않겠다고 약속하였다.

그리고 1970년대 쿠바는 볼리비아, 앙골라 등의 무장 봉기를 지원하였고, 미국은 이에 대응하여 해당 국가의 독재자들을 원조하였다.

1989년 소련의 붕괴로 쿠바는 더 이상 소련의 지원을 받을 수 없게 되자 심각한 경제난에 직면하게 되었다. 1993년에는 일부 민간 경제에서 미국과의 교류를 허용하였으나, 미국은 금수 조치로 일관하였다.

한편 2008년, 병이 중해진 피델 카스트로는 동생인 라울 카스트로 (Raul Modesto Castro Ruz : 1931~)에게 권력을 넘겨주었다.

* 1961년 4월 16일 '카스트로, 쿠바 사회주의 국가 선언' 참조

* 1961년 4월 17일 '미국, 쿠바 피그만 침공' 참조

* 1962년 10월 14일 '쿠바, 미사일 사태 발생' 참조

—

1526년 4월 21일

인도에 무굴 제국이 세워지다

—

　인도는 이슬람 세력이 들어오는 12세기까지 힌두교를 믿는 여러 왕
조들이 세워졌다가 몰락하기를 반복하였다.

　그러다가 1206년 이슬람 신도인 아이바크가 인도의 델리에서 이슬
람의 군주 술탄을 선언함으로써 최초의 무슬림 국가인 노예 왕조를 세
웠다. 이후 할지 왕조, 투글루크 왕조, 사이이드 왕조, 로디 왕조까지 델
리 술탄 다섯 왕조가 이어졌다.

　델리 술탄 왕조에 이어 인도를 지배한 세력이 무굴 제국이다. 무굴
제국의 제1대 황제 바부르(Babur : 1482~1530)는 완전한 몽골 사람은
아니었다. 그의 어머니는 징기즈 칸의 자손이었으나 그의 아버지는 티
무르의 자손이었다.

　투르키스탄의 작은 왕국을 지배했던 바부르는 1504년에 아프가니스
탄과 카불을 손에 넣었다. 바부르는 여기에 그치지 않고 힌두스탄을 넘
어 델리 술탄을 공격했다. 그리고 마침내 1526년 4월 21일, 1만 2,000
명의 군대로 파니파트에서 술탄을 패배시키고, 아그라와 델리를 완전
히 장악하였다. 인도 땅에서 무굴 제국의 역사가 시작된 것이다.

　바부르는 델리를 장악한 후에 라지프트 연합을 제압했고, 힌두스탄
대부분을 정복하였으며 데칸에서 투르케스탄까지를 지배하였다.

　특히 제5대 황제 샤 자한(Shah jahan : 1592~1666)은 1631년에 죽은
왕비 무무타즈 마할을 위해 이슬람 건축 양식으로 된 무덤 타지마할을
세웠다. 중앙에 있는 돔의 높이가 58m나 되는 이 무덤은 세계 건축 사

상 가장 아름다운 건축물 중의 하나로, 무굴 제국의 영화를 보여 준다. 타지마할은 현재 세계 문화 유산으로 지정되어 있다.

그리고 제6대 황제 아우랑제브(Aurangzb : 1618~1707) 때에는 인도 반도 남단 가까이까지 이르러 제국의 영토를 더욱 넓혔다.

이후 무굴 제국은 1858년 세포이의 항쟁으로 영국이 무굴 제국을 멸망시킬 때까지 계속되었다.

—

1960년 4월 21일

브라질, 새로운 수도 브라질리아로 이전

—

1960년 4월 21일, 브라질이 수도를 리우데자네이루에서 브라질리아로 이전했다. 브라질의 첫 수도는 1549년 포르투갈인들이 정한 살바도르였고, 이후 1763년에 리우데자네이루로 옮겼다가 이날 다시 브라질리아로 옮긴 것이다.

이미 1889년 제국헌법에서 규정했던 사항이기는 하였지만, 1955년 당시 민주사회당 주셀리노 쿠비체크(Juscelino Kubitschek de Oliveira : 1902~1976) 대통령 후보의 선거 공약을 앞세워, 해안을 따라 밀집해 있는 인구 편중을 시정하고 내륙 개발을 목적으로 한 브라질리아로의 천도遷都가 결정되었다.

쿠비체크는 대통령에 당선되자 7억 달러의 차관을 빌려 '50년을 5년으로'라는 구호 아래 브라질의 현대화와 공업화에 박차를 가하기 시작, 신수도 건설과 공업 성장 등 대대적인 변화를 모색했다.

리우데자네이루에서 약 960km 떨어져 있고, 해발 1,000m가 넘는 고이아스 고원에 위치한 브라질리아는 건축가인 루시오 코스타(Lucio Costa : 1902~1988)와 유엔 빌딩 설계자인 오스카 니마이어(Oscar Niemeyer : 1907~) 등의 설계로 1957년부터 4년에 걸쳐 완성되었으며 상공에서 내려다보면 도시 전체가 마치 비행기를 상상케 하는 형태로 만들어졌다.

즉 동체에 해당되는 부분에는 정부 기관을 중심으로 한 공공건물을 두고 있으며 날개에 해당하는 부분에는 주택, 상점, 교회가 있다. 수도 건설로 내륙 개발의 전기가 마련됐다는 평가와 함께 열정적인 브라질 사람들의 생활습관과 동떨어져 사람들이 정 붙일 곳이 없고, 산업 시설 부족으로 물가가 비싸졌다는 지적을 받고 있다.

하지만 브라질리아는 20세기에 건설된 도시들 중에서 유일하게 세계 유산에 등록된 도시이다. 또한 도시 완공 후 27년 만에 세계 유산에 등록되어 대기 기간이 가장 짧았던 세계 유산이기도 하다.

—

기원전 753년 4월 21일

로므스와 레무스 형제, 로마 건국

—

"큰 바구니에 담긴 쌍둥이 아이가 티베르강(이탈리아 중부를 흐르는 강)을 따라 떠내려오고 있는 것을 늑대가 발견해 젖을 먹여 키웠다.

성인이 된 이들은 스스로 형은 '로므스', 동생은 '레므스'라고 이름 지었다. 그리고 숙부의 흉계로 자기들이 버려졌음을 알게 되어 그에게 복수를 하고 둘이 힘을 합쳐 도시를 하나 건설하였다. 둘은 서로 왕이 되려고 싸우다가 형이 동생을 죽이고 자기의 이름을 따서 도시 이름을 '로마'라 이름

지었다. 그 뒤 양심의 가책을 느낀 형은 동생이 죽은 4월 21일을 로마시의
탄생일로 정했다.”

알바롱가의 왕 누미토르의 딸인 레아 실비아가 마르스신㭍을 통해
쌍둥이를 낳았다. 형 ‘로므스’와 동생 ‘레므스’는 함께 티베르강에 버
려져 이리의 젖으로 자라다가 양치기 파우스툴루스에게 발견되어 양
육되었다.

그 후 형과 동생이 협력하여 기원전 753년에 새로운 도시 로마를 건
설하였다. 그러나 형제는 반목하여 도시의 신성한 경계를 넘었다는 이
유로 형 로므스는 동생 레무스를 죽였다.

이후 로므스는 30년 이상 로마의 왕으로 재위하며, 인구 증가 · 판도
확대, 제도(원로원)의 확립 등에 힘을 기울였다.

4월의
모든 역사

4월 22일

■
·
·
·
■

1915년 4월 22일

독일, 이프르 전투에서 처음으로
독가스를 사용하다

독가스의 종류는 엄청나게 많다. 특히 제1차 세계 대전 때에는 염소 가스, 겨자 가스, 포스겐 가스 등이 대표적으로 사용되었다.

염소 가스는 상온에서 황갈색 기체로 변해 자극적인 냄새를 풍긴다. 공기 중 농도가 0.003~0.006%를 넘으면 점막이 침해당해 비염, 재채기 등을 유발하며, 농도가 더 높아지면 흉통, 각혈, 호흡 곤란을 일으켜 질식사로 사망하게 된다.

겨자 가스는 마늘 같은 톡 쏘는 냄새가 난다고 해서 붙은 이름이다. 순수한 상태에서는 아무 색과 냄새도 없지만 공업적으로 제작된 것은 갈색을 띤다. 겨자 가스에 노출되면 4~24시간 이내에 가렵거나 고통스러운 물집이 생긴다. 피부 면적 50% 이상에 물집이 생기면 치명적일 정도로 독성이 강하다.

포스겐 가스는 아무 색도 없으며, 곰팡이 핀 건초 비슷한 냄새가 난다. 흡입 24~72시간 내에 호흡기 조직 내의 수분과 결합하여 염산으로 변환되어 폐 조직을 녹여버린다. 이로 인해 폐에 물이 차게 되고, 출혈과 쇼크, 호흡 곤란이 겹쳐 사망에 이르게 된다.

　제1차 세계 대전이 한창이던 1915년 4월 22일, 독일군과 프랑스 · 캐나다 연합군이 대치하고 있는 벨기에 이프르 전선에서 약 5,000여 개의 가스통이 열렸다. 독한 냄새를 풍기는 황갈색 염소 가스가 약 1m 높이에 떠서 바람을 타고 독일군 진영에서 연합군 쪽으로 흘러 넘어갔다.

　일순간, 생지옥이 따로 없을 정도로 참호 속 병사들이 기침 · 구토와 함께 피를 토하며 쓰러졌다. 인류 최초로 전쟁터에서 독가스가 사용된 현장이었다. 이날 하루 동안 연합군 1만 5,000여 명이 염소 가스에 중독돼 5,000여 명이 숨졌다. 그리고 독일군은 연합군의 방어선을 뚫을 수 있었다.

　염소 가스의 무시무시한 효과에 놀란 연합군도 화학 무기의 개발에 박차를 가하기 시작했다. 연합군이 보복으로 포스겐 가스를 살포하자 독일군은 머스터드 가스를 개발, 전선에 투입했다. 결국 제1차 세계 대전 동안 뿌려진 12만 5,000t의 독가스로 양측에서는 97만여 명이나 희생됐다.

　당시 유대인 화학자 프리츠 하버(Fritz Haber : 1868~1934)는 제1차 세계 대전 발발과 함께 독일 카이저 빌헬름 연구소로 징집되어 참호전을 타개할 독가스를 개발하라는 임무를 맡았다. 하버가 개발한 염소 가스는 보관과 수송이 편리하고 더구나 공기보다 2.5배나 무거워 참호 속에 숨어있는 적에게 치명적이었다.

　하지만 같은 유대인 화학자였던 그의 부인 클라라 임머바르(Clara Immerwahr : 1870~1915)는 독가스 사용에 부정적이었다. 결국 클라라는 동족을 죽였다는 괴로움을 이기지 못하고 자살을 선택한다. 전쟁이 끝나고 1918년 노벨화학상까지 받은 하버는 1934년 행복하게 죽었지만 그가 만든 독가스는 그의 동족을 600만 명이나 죽였다.

독가스는 유독물질의 가스로 화학무기로 사용될 수 있는 것을 말한다. 이것의 사용은 인간에게 치명적이라는 인식에 대다수가 공감하였기 때문에 이미 1899년 헤이그 평화 회의에서 「독가스 사용 금지 선언」을 채택하여 독이나 독을 사용한 무기의 사용을 금지하였다.

이전부터 유독무기의 사용을 위법으로 규정하였던 것이다. 하지만 제1차 세계 대전 때 이 약속이 깨지면서 수많은 희생자가 발생하였다.

그래서 제1차 세계 대전이 끝난 1919년에 파리에서 맺은 베르사유 강화 조약을 통해 독일의 독가스 사용과 제조 및 수입을 금지하였고, 1925년에는 「독가스 기타사용 금지에 관한 의정서」를 통해 전쟁에서의 독가스 사용을 엄격히 금지하였다.

또한 국제연합UN에서는 1925년의 상기 의정서를 바탕으로 1993년에 화학무기의 개발 · 생산 · 저장 · 사용의 금지 및 그 폐기에 관한 화학무기금지협약을 작성하였다.

1995년 4월 22일

르완다, 무차별 공격으로 난민 학살

1995년 4월 22일, 아프리카의 르완다 남서부 키베호 난민 수용소에서 정부군이 후투족 난민들에게 자동화기와 박격포 등으로 무차별 공격을 자행했다. 이 공격으로 어린이와 부녀자를 포함해 8,000여 명이 학살됐다.

투치족 중심의 르완다 정부군은 1주일 전부터 이 후투족 난민 수용소를 감시해 오다 이처럼 무자비한 살상을 저질렀다. 정부군은 난민들이 갑자기 정부군 쪽으로 몰려와 총을 발사했다고 해명했다.

르완다는 1990년 6월부터 내전이 본격화되어 150만 명 이상이 학살되고 국민 814만여 명 가운데 240만여 명이 난민이 돼 주변국을 배회했다.

또한 1997년 자이르에서 귀환하던 르완다 난민 20만여 명이 행방불명되는 등 대규모의 학살이 계속되던 르완다 내전은 2000년이 돼서야 겨우 안정을 찾기 시작했다.

2004년 4월 22일

『명상록』 쓴 로마 아우렐리우스 황제의 두상, 요르단에서 발견

1999년부터 로마의 '철인哲人 황제'로 유명한 마르쿠스 아우렐리우스 안토니우스(Marcus Aurelius Antoninus : 121~180) 관련 유적의 발굴 작업을 벌여온 프랑스 · 요르단 합동 발굴단이 2003년 아우렐리우스 석상의 한쪽 발을 찾아낸 데 2004년 4월에는 엄지손가락 하나를 발견했다.

그리고 2004년 4월 22일, 드디어 아우렐리우스의 두상頭像이 요르단의 남부 페트라에서 발견됐다. 발견된 곳은 페트라의 고대 사원 유적지인 카스르 알 빈트 지역 주변에 있는 신성한 정원인 '테메노스'다.

프랑스 발굴단의 크리스티앙 오주는 "신성한 정원의 서쪽 경내에 서 있던 기념물이 파괴되면서 생긴 잡석들 틈에서 아우렐리우스 황제의 흰색 대리석 두상이 아주 보존이 잘 된 상태로 발견됐다."고 말했다.

두상은 높이 50cm, 너비 35cm로 실물의 두 배 정도의 크기이며, 4세기경 이곳을 강타한 지진 때문에 석상 몸체에서 떨어져 나왔을 것으로 추정되었다.

두상이 발견된 아우렐리우스 황제는 금욕을 중시한 스토아 철학자이자 5현제五賢帝 중 한 명으로, 그의 저작 『명상록瞑想錄』은 고전으로 꼽힌다.

* 180년 3월 17일 '로마 황제이자 철학자였던 아우렐리우스 사망하다' 참조

1509년 4월 22일

헨리 8세, 잉글랜드 국왕에 오르다

헨리 8세(Henry VIII : 1491~1547)는 잉글랜드 튜더 왕조의 헨리 7세(Henry VII : 1457~1509)의 둘째 아들로, 형 아서가 요절하자 아버지의 뒤를 이어 1509년 4월 22일 잉글랜드 국왕에 올랐다.

헨리 8세는 왕권 강화에 힘썼으며, 웨일스, 아일랜드, 스코틀랜드 등의 지배와 방비를 강화하고, 당시의 복잡한 국제 정세 속에서도 몇 차례나 대륙에 출병하였다.

헨리 8세는 형의 죽음으로 형수인 캐서린(Catherine of Aragon : 1485~1536)과 결혼하였다. 하지만 왕비 캐서린과의 사이에 아들이 없었기 때문에, 1527년경부터 궁녀 앤 불린(Anne Boleyn : 1507?~ 1536)과 결혼하려고 하였다.

하지만 로마 교황이 끝내 이를 인정하지 않자 가톨릭교회와 결별하였다. 그리고 1534년 수장령首長令으로 영국 국교회國敎會를 설립하여 종

교 개혁을 단행하였다. 이어 1536년, 1539년에 수도원을 해산하고 그 소령所領을 몰수하였다.

헨리 8세는 여섯 왕비 중 두 왕비를 죽이고, 토머스 울지(Thomas Wolsey : 1475~1530), 토머스 무어(Thomas Moore : 1478~1535) 등의 공신을 처형하는 등 잔학한 점도 있었으나, 잉글랜드 국민의 이익을 도모하며 통치하였기에 부왕이 쌓은 절대 왕정을 더욱 강화할 수 있었다.

—

1930년 4월 22일

미국 등 5개국, 런던 해군 군축 조약 체결

—

1930년 4월 22일, 영국, 일본, 프랑스, 이탈리아, 미국 5개국 사이에 런던 해군 군축 조약이 체결되었다. 조약의 공식 명칭은 해군 무장의 감축 및 제한에 관한 조약Treaty for the Limitation and Reduction of Naval Armament으로 정해졌다.

이 조약은 잠수함 무장에 대한 제한과 함선 건조 제한을 내용으로 담고 있으며, 표준 배수량과 잠수함 탑재 함포의 구경이 이 조약으로 인해 처음으로 제한되었다. 이 조약의 조항들은 1922년 2월 6일에 체결된 워싱턴 해군 군축 조약으로 결정된 사항을 재확인하는 차원이었다.

조약이 체결되기 전인 1927년에 개최된 제네바 군축 회의에서는 미국과 영국 간의 의견 마찰로 인해 협상이 난항을 겪었는데, 런던 해군 군축 조약은 그러한 난관을 뚫고 이룬 결실이라는 데 의미가 있었다.

1993년 4월 22일

인터넷에 혁명을 가져온
웹 브라우저, 모자이크 탄생

1993년 4월 22일, 최초의 인터넷 웹 브라우저(그림과 동영상 등을 이용해 인터넷을 검색할 수 있게 하는 프로그램)인 모자이크Mosaic가 탄생했다.

마크 안드레센(Marc Andreessen : 1971~)을 비롯한 미국 일리노이 대학교의 개발진이 만든 이 프로그램은 경제 · 문화 · 사회 등 전 분야에 혁명을 가져왔다.

모자이크 탄생 이전의 인터넷은 텍스트(문자열) 위주여서 일부 연구진과 정부 · 군사 관계자를 제외한 일반인들이 인터넷을 사용하기에는 무리였다.

일반 대중의 인터넷 사용을 용이하게 한 브라우저인, 모자이크가 출시된 후 인터넷 이용자와 콘텐츠 사이트의 수가 폭발적으로 늘어났다.

하지만 1996년에 마이크로소프트MS가 새로운 웹 브라우저인 익스플로러를 들고 등장하면서 그동안 웹 브라우저 시장에서 호황을 누리고 있던 안드레센 주축의 넷스케이프사社를 누르고 순식간에 점유율을 높여 세계 경제를 좌지우지하는 세력이 되었다.

결국 1999년에 넷스케이프사는 아메리카온라인에 100억 달러에 팔려 역사의 뒤안길로 사라졌다.

4월의
모든 역사

4월 23일

1933년 4월 23일

독일 나치스, 게슈타포를 결성하다

"전쟁의 승자는 언제나 재판관이 되고 패자는 피고석에 선다. 우리
독일이 전쟁에서 이겼다면 처칠이나 루스벨트가 법정에 서야 했을
것이다."

-헤르만 괴링

1933년 독일 나치스가 집권하자 프로이센의 내무장관이던 헤르만 괴링(Herman Goering : 1893~1946)은 프로이센 경찰에서 정치 · 첩보 활동 전담반을 분리하고 여기에 수천 명의 나치스 당원을 충원하였다. 그리고 이 조직을 1933년 4월 23일, 게슈타포Gestapo로 개편하여 직접 지휘하였다.

이 무렵 SS(Schutz Staffel : 나치스 친위대) 책임자인 하인리히 힘믈러(Heinrich Himmler : 1900~1945)도 바이에른 주와 그 밖의 주 경찰을 이와 유사하게 재조직하였다. 그리고 힘믈러는 1934년 4월 괴링으로부터 게슈타포에 대한 지휘권을 이양받았고, 6월 17일에 경찰총감으로 취임한 후부터는 SS에 속한 보안경찰(SD : Schutz Dienst)을 흡수하여 게슈타포를 전국적인 비밀 경찰 기구로 발전시켰다.

이렇게 탄생한 게슈타포의 정식 명칭은 비밀국가경찰Geheime Staatspolizei이다. 게슈타포는 SS와 더불어 민족주의, 전체주의, 군국주의, 반공주의를 표방하는 나치 체제를 강화하기 위해 위력을 발휘한 국가 권력 기구인 셈이다.

게슈타포의 임무는 모든 법적 규제를 초월하여 국가의 위험이 될 가능성이 있다고 판단한 세력을 정치적 스파이로 몰아 이에 대한 수사와 단속을 하는 데 있었다.

그리하여 나치 반대 세력은 물론이거니와 공산주의자와 사회주의자의 탄압, 자유주의자와 교회의 감시, 유대인의 추방과 학살, 지식인과 노동 조합 운동가 등에 대해 테러를 감행하고 심지어 성직자, 집시, 동성연애자까지 체포해 강제 수용하고 처형하는 등 잔학한 행위를 서슴지 않고 자행하여 공포분위기를 조성함으로써 나치스 체제를 확립 · 유지하기 위하여 활동하였다.

제2차 세계 대전 때에는 점령지 국민의 레지스탕스 운동을 억압했으며 거기에 연루된 시민들에게 잔혹하게 보복했다.

또한 폴란드와 소련을 침공한 뒤에는 폴란드 남부 마우폴스키에 주의 아우슈비츠에 강제수용소를 설치하고 유럽 전역에 있는 유대인들 400만 명을 그곳으로 끌고가 집단 학살하는 임무를 수행하였다.

1995년 4월 23일

옴진리교 2인자 무라이 히데오 피살

1995년 4월 23일, 도쿄 미나미아오야마에 있는 옴진리교 도쿄 총본부 앞에서 교단의 2인자 무라이 히데오(村井秀夫 : 1959~1995)가 20대 재일교포인 서유행의 칼에 찔려서 피살되는 사건이 발생했다.

무라이는 이날 승용차로 도쿄 총본부에 도착하여 잠시 건물 안에 들어갔다가 밖으로 나왔는데, 그 순간 보도진과 섞여 있던 군중 속에서 식칼을 들고 뛰어든 서유행에게 배 등을 찔린 뒤 인근 도쿄 도립 히로오 병원으로 옮겨져 수술을 받았으나 다음 날 숨을 거뒀다.

무라이를 습격한 서유행은 자신이 1년 전 미에현의 한 우익단체에 입회했으며, 사회적인 범죄를 저지르고 있는 옴진리교 측에 따끔한 경고를 주기 위해 이같은 범행을 했다고 경찰 조사에서 밝혔다.

* 1995년 3월 20일 '일본의 옴진리교, 도쿄 지하철에 독가스 살포' 참조

1967년 4월 23일

소련, 최초의 소유즈 우주선 소유즈 1호 발사

1960년대 초에 인간을 달에 보내기 위한 소비에트 연방의 유인 우주 비행 계획, 소유즈 계획Soyuz programme이 개시되었다. 이 계획은 본래 소비에트 우주 비행사를 달에 착륙시키기 위한 달 착륙 프로젝트의 일부로 고안되었다.

이 계획에 따라 1967년 4월 23일 블라디미르 미하일로비치 코마로프(Vladimir Mikhailovich Komarov : 1927~1967)를 비롯한 3명의 승무원을 태운 최초의 소유즈 우주선인 소유즈 1호가 발사되었다.

소유즈 1호가 발사되었을 당시에는 우주 정거장이 설립되기 전이었다. 따라서 지구의 궤도를 돌기만 하고 소유즈 2호와 랑데부 비행을 할 계획이었으나 소유즈 1호에 문제가 발생하여 결국 2호의 발사가 취소되었다.

소유즈 1호는 임무를 마치고 지구의 대기권으로 진입하는 도중 우주선의 낙하산 줄이 뒤엉켜 추락했고 비행사 코마로프 등 승무원들은 전원 사망했다. 최초의 우주 비행 사고였다.

4월의
모든 역사

4월 24일

기원전 1184년 4월 24일

고대 그리스, 트로이아를 함락시키다

분노를 노래해 다오. 시의 여신이여, 펠레우스의 아들 아킬레우스
의 저주스러운 그 분노로 해서, 헤아릴 수 없는 괴로움을 아카이아
편에게 끼쳐 주었고, 또한 수많은 위대한 용사들의 넋을 저승으로
보내게 되었느니라. 그리고 그들의 시체는 들개나 날짐승의 먹이가
되었도다.

-호메로스, 『일리아스』

그리스의 작가 호메로스(Homeros : B.C. 800? ~ B.C. 750)가 쓴 『일리아스_{Ilias}』와 『오디세이아_{Odysseia}』를 통해 알려진 트로이 전쟁은 스파르타의 왕비 헬레네를 트로이의 왕자 파리스가 납치하면서 시작되었다.

바다의 여신 테티스와 테살리아의 왕 펠레우스의 결혼식이 성대하게 치러졌다. 하지만 불화의 여신 에리스는 그 결혼식에 초대받지 못하였다. 이에 화가 난 에리스는 '가장 아름다운 자를 위하여'라고 적힌 황금 사과만을 남기고 가버렸다. 그러자 그 황금 사과를 차지하기 위해 헤라, 아프로디테, 아테나 사이에 다툼이 일어났다. 그래서 그녀들은 트로이의 왕자 파리스에게 황금 사과를 가져갈 사람을 판정해 달라고 부탁하였다. 파리스는 가장 아름에게 여인을 자신의 아내로 맞이하게 해 주겠다는 조건을 내건 아프로디테를 선택하였다.

그리고 그 대가로 아프로디테는 파리스에게 스파르타의 왕비 헬레네의 사랑을 얻게 해 주었다. 이에 아내를 빼앗긴 스파르타의 왕 메넬라오스는 형 아가멤논과 함께 트로이 원정길에 나서게 된다.

그리고 그리스군의 아킬레우스와 오디세우스, 트로이군의 헥토르와 아이네아스 등 숱한 영웅들이 얽혀 10년 동안이나 트로이에서 전쟁을 계속하였다. 하지만 트로이의 성벽은 강해서 그리스 병사들이 뚫기가 힘들었다. 그래서 마지막으로 오디세우스가 계책을 냈다. 바로 목마를 두고 철수하는 위장 전술이었다. 트로이 측은 이 목마를 승리의 전리품이라고 생각하여 성 안에 들여 놓고 승리의 기쁨에 취하였다.

그런데 기원전 1184년 4월 24일, 목마 속에서 오디세우스를 선두로 하는 특공대가 나와 성 밖에 대기하고 있던 그리스군에게 성문을 열어주었다. 그리스군은 트로이 왕을 죽이고 도시를 불태워버림으로써 트로이아를 함락시켰다. 그리고 헬레네는 다시 그리스로 돌아오게 되었다.

한편 고대에는 이 전쟁의 역사적 사실성에 대해서 의심하지 않았
으나, 19세기의 비판적 역사 연구에서는 허구적인 신화로 취급하는
풍조가 강하였다. 그러나 독일의 고고학자 하인리히 슐리만(Heinrich
Schliemann : 1822~1890)이 1871년에 트로이 유적지 발굴에 성공함으로
써 두 나라 사이에 충돌이 있었다는 역사적인 근거를 얻게 되었다.

또한 1930년대에 미국의 칼 윌리엄 블레겐(Carl William Blegen :
1887~1971)이 트로이 유적에 대한 과학적인 재조사를 시행한 결과, 트
로이 전쟁이 사실성을 갖는다면 9층으로 이루어진 유적 가운데 기원전
1250년의 것으로 추정되는 제7층 A가 여기에 해당한다고 주장하였다.

—

1792년 4월 24일

루제 드 릴, 프랑스 국가 「라 마르세예즈」 작곡

—

가자, 조국의 아이들아

영광의 날이 왔다.

우리에 맞서 전제정이 들어섰다.

피 묻은 깃발이 올랐다.

피 묻은 깃발이 올랐다.

들판에서 울리는 소리가 들리느냐,

이 잔인한 군인들의 포효가.

그들이 바로 우리 곁에 왔다.

너희 조국, 너희 아들들의

목을 따기 위해서.

무기를 들어라, 시민들이여!

너희의 부대를 만들어라

나가자, 나가자!

그들의 불결한 피를

우리 들판에 물처럼 흐르게 하자.

　　　　　　　　　　　　　　　　　　　　　　　-「라 마르세예즈」

　　프랑스 혁명 직후인 1792년 4월 24일, 독일 등의 연합군이 프랑스를 침공하려 했을 때 알자스 지방의 스트라스부르에 주둔하고 있던 공병 장교 루제 드 릴(Rouget de Lisle : 1760~1836)은 하룻밤 사이에 프랑스 국가의 가사와 멜로디를 썼다.

　　선율은 표트르 일리치 차이콥스키(Pyotr Ilyich Tchaikovsky : 1840~ 1893)의 관현악곡 「1812년」, 로베르트 알렉산더 슈만(Robert Alexander Schumann : 1810~1856)의 가곡 「두 사람의 척탄병」에서 인용하였는데, 밝은 선율이 평범하고 호전적인 가사를 완전히 살리고 있어 이 노래는 곧 프랑스 도처에 널리 보급되었다.

　　당시 전국에서 파리로 모여든 의용군 중 마르세유에서 올라온 일단 ─圑이 이 노래를 부르면서 그 해 7월 파리에 입성, 8월에 튈르리 궁전을 습격한 데서 「라 마르세예즈La Marseillaise」라는 이름이 붙었다. 「라 마르세예즈」는 1879년 프랑스 정식 국가로서 채택되었다.

—

1800년 4월 24일

미국, 의회도서관 개관

—

1800년 4월 24일, 미국 의회를 필라델피아에서 워싱턴 D.C.로 옮기면서 제3대 대통령 토머스 제퍼슨(Thomas Jefferson : 1743~1826)의 후원으로 의회도서관Library of Congress을 새 의사당 내에 설치하였다.

이후 의회도서관은 1814년, 1825년, 1851년 세 차례나 화재를 겪기도 했으나, 1897년에 의사당과 마주보는 본관을, 1938년에 그 뒤편에 있는 새로운 양식의 별관을 세웠다.

1865년부터 1897년 사이에 워싱턴의 스미스 소니언협회가 국제적인 도서 교환 사업을 벌여 각국의 학술 자료를 입수하고, 저작권 등록에 따르는 납본 등으로 의회도서관은 현재와 같은 대규모의 시설을 갖추게 되었다.

의회도서관은 현재 서재 공간으로는 세계에서 가장 크며 중요도에서도 으뜸으로, 사실상의 미국의 국립 도서관 역할을 한다. 그리고 장서가 3,000만 권에 이르고 3,300만 편의 논문을 소장하고 있으며, 470개 언어로 되어 있는 인쇄물들이 있다. 서적 가운데 구텐베르크 성서(현재 완전한 벨룸 형태의 책은 세계에 3권만 남아 있다)를 포함해서 1501년 이전에 인쇄된 고서들이 5,600권이나 있다.

또한 100만 권의 정부 출판물과 100만 편의 세계 신문은 3세기에 걸쳐 있고, 철된 신문도 3만 3,000권이 있다. 그리고 50만 개의 마이크로 필름과 480만 점의 지도와 악보, 270만 장의 음반도 소장하고 있다.

1916년 4월 24일

아일랜드 시민군, 부활절 봉기

"너무도 오랜 희생은 가슴 속에 돌을 박는다."

-예이츠

부활절 다음날인 1916년 4월 24일, 아일랜드의 민족주의 지도자 페트릭 헨리 피어스(Patrick Henry Pearse : 1879~1916)가 영국에 대항해 아일랜드 공화국 임시 정부 수립을 선포하고 무장 봉기를 일으켰다. 봉기는 비밀 조직인 '아일랜드 공화주의 형제단Irish Republican Brotherhood'의 계획 하에 무력을 통해 영국으로부터의 독립을 성취하기 위해 일으켰다.

부활절 봉기에 대한 더블린 사람들의 첫 반응은 미지근하였다. 일부는 오히려 봉기에 참여한 사람들을 비난하기도 하였다. 그러나 영국군이 무차별 사격을 가하고 일반 시민들의 무고한 희생이 뒤따르자 사람들은 분노하기 시작하였다.

임시 정부 초대 대통령에 선출된 피어스는 아일랜드 시민군을 지휘했다. 이 봉기에는 얼스터 의용군에 대항해 창설된 아일랜드 의용군, 아일랜드 공화주의 형제단, 신페인 당원 등이 참여했다.

하지만 봉기 계획을 미리 안 영국이 무기 밀수 혐의로 로저 케이스먼트 경을 체포하자 아일랜드 의용군 지도자 맥닐은 계획을 취소해 버렸다. 그러나 2,000명 정도의 시민군은 이에 굴하지 않고 더블린 중앙 우체국을 점령하고 아일랜드 공화국 선언문을 낭독했다. 결국 봉기는 영국군과의 6일간의 교전 끝에 4월 30일 진압되었으며, 지도자 피어스와 동료 13명은 군법회의에서 재판을 받은 뒤 총살당했다.

부활절 봉기 자체는 실패로 끝났지만, 무장 투쟁 전통의 공화주의를 아일랜드 정치의 전면으로 부각시키는 데에는 결정적인 역할을 했다. '아일랜드 공화국Irish Republic'은 약 3년 후인 1919년 1월에 아일랜드 초대 의회에 의해 승인됨으로써 영국의 아일랜드 지배의 종말을 예고했다.

1898년 4월 24일

스페인, 쿠바 봉쇄한 미국에 선전 포고

'명백한 운명Manifest Destiny'. 이것은 19세기 중엽부터 신에게서 새로운 땅을 개척하라는 사명을 부여받았다고 믿어온 미국 팽창주의자들의 영토 확장 슬로건이자 명분이었다.

이들로부터 캐나다 · 멕시코 · 쿠바까지 합병하자는 주장이 제기된 가운데 1895년, 16세기부터 줄곧 스페인의 식민지였던 쿠바에서 대對 스페인 독립 전쟁이 시작됐다.

스페인의 탄압이 거세지자 미국인들 사이에서 군사 개입을 촉구하는 목소리가 높아졌다. 기업인들은 새로운 시장을 위해, 종교인들은 가톨릭의 쿠바를 개신교로 개종시키기 위해 참전을 재촉했다.

1898년 2월 15일, 쿠바 아바나항에 정박 중인 미국 전함 메인호가 갑자기 폭발하면서 배에 타고 있던 군인 260명이 사망하는 사고가 발생했다. 원인불명으로 판명됐지만 선동적인 신문들은 스페인의 음모라며 미국민의 감정을 부추겼다.

미국이 쿠바를 봉쇄하며 압박을 가해오자 궁지에 몰린 스페인이

1898년 4월 24일, 미국에 선전포고를 하면서 식민지를 둘러싼 미국·스페인 간의 제국주의 전쟁이 불을 뿜었다. 하지만 전쟁은 미국의 압도적인 승리로 3개월 만에 끝났다.

전쟁에서 승리한 미국이 얻은 열매는 너무나 달콤했다. 그해 12월에 스페인과 맺은 파리 조약을 통해 쿠바를 독립시키고 필리핀·괌·푸에르토리코를 미국의 영토로 복속시킨다고 결정했다.

—

1926년 4월 24일

독일과 소련, 우호 중립 조약 체결

—

1925년 10월 스위스 로카르노에서 영국·프랑스·독일·이탈리아·벨기에 5개국 사이에 로카르노 조약이 체결되었다. 이 조약은 제1차 세계 대전 후 독일이 서부 유럽과의 관계 호전을 위해 체결한 것이었다.

이에 대해 동부 유럽, 특히 소련은 로카르노 조약으로 인해 독일이 대對소 협조 노선에서 물러난다고 생각하면서 불안감을 가지게 되었다.

이에 독일은 1926년 4월 24일 소련과 우호 중립 조약을 체결하여 1922년에 맺은 라팔로 조약을 재확인함으로써 소련의 불안을 해소시켰다. 이 조약에서 독일은 소련에게 러시아 군사 시설 재건을 위한 원조를 약속하였다.

* 1925년 12월 1일 '로카르노 조약, 영국 런던에서 정식 체결' 참조

1970년 4월 24일

중국, 첫 인공위성 동방홍 1호 발사

중국 최초의 인공위성인 동방홍東方紅 1호가 1970년 4월 24일에 발사되었다. 중국은 1956년 10월 마오쩌둥 국가 주석의 지시로 우주개발 계획에 착수하였다.

1960년에 처음으로 로켓을 발사했고, 1965년 인공위성 제작에 착수하여 5년 만에 동방홍 1호를 발사함으로써 구 소련, 미국, 일본, 프랑스에 이어 세계에서 5번째로 인공위성을 우주 궤도에 진입시켰다.

이후 2003년에는 중국의 첫 유인 우주선인 '선저우神舟 5호'를 성공적으로 발사시킴으로써 중국의 우주 과학 기술은 유럽의 그것을 추월하였다.

* 2003년 10월 15일 '중국, 첫 유인우주선 선저우神舟 5호 발사 성공' 참조

4월의
모든 역사

4월 25일

1859년 4월 25일

프랑스의 외교관 레셉스,
이집트 수에즈 운하를 착공하다

수에즈 운하는 아시아와 아프리카 두 대륙의 경계인 이집트의 시나이 반도 서쪽에 건설된 길이 162.5km의 세계 최대의 해양 운하로, 지중해의 포트사이드 항구와 홍해의 수에즈 항구를 연결하고 있다. 수에즈 운하는 무엇보다도 아프리카 대륙을 우회하지 않고 곧바로 아시아와 유럽이 연결되는 통로라는 점에서 중요한 역할을 하고 있다.

프랑스의 외교관인 페르디낭 마리 드 레셉스(Ferdinand Marie de Lesseps : 1805~1894)는 1859년 4월 25일 지중해 해안의 포트사이드에서 기공식을 거행하고 수에즈 운하 공사를 시작했다.

고대부터 수에즈 지협에 운하를 파서 항행할 수 있게 되면 지중해와 홍해의 교통 발달에 큰 도움이 될 것이라는 착상은 있었다. 운하를 건설하려는 최초의 시도는 이집트 파라오 제12왕조의 세누세레트 3세가 홍해 연안의 투밀라트 계곡을 통해 나일강과 홍해를 연결하고자 했던 공사로 추정된다. 그러나 공사 결과 내륙의 푼트 지방까지만 나일강이 연결되었을 뿐 홍해와는 연결되지 못했다.

파라오 제18왕조의 하셉수트 여왕도 푼트 지방에서부터 홍해로 이어지는 운하 공사를 시도했다는 흔적이 남아 있으나 성공하지 못했던 것으로 보인다.

그 후 그리스의 역사가 헤로도토스(Herodotos : B.C 484?~B.C 425?)의 기록에 따르면, 기원전 600년경 파라오 제26왕조의 네카우 2세에 의해 운하가 다시 개착되었으며, 이집트를 정복한 페르시아의 다리우스 1세에 의해 완성되었다고 한다. 또한 이집트의 프톨레미 2세가 기원전 250년경 운하를 정비했다는 기록도 남아 있다.

이후 아바스 왕조의 칼리프 알 만수르(Al-Mansur : 709?~775)가 767년 델타 지역으로 침입하는 반란군을 막기 위해 운하를 폐쇄할 때까지 약 1,000년간 파괴와 보수가 반복되었다고 전해진다.

16세기에는 베네치아의 상인이 수에즈 지협에 해양 운하를 개착하여 포르투갈과 에스파냐의 해운 무역에 대항하려고 했고, 17, 18세기에는 프랑스의 루이 14세(Louis XIV : 1638~1715)와 독일의 라이프니츠(Gottfried Wilhelm Leibniz : 1646~1716)가 수에즈 운하를 건설하여 영국과 네덜란드의 아시아 무역에 대항하려고 했으나 모두 토목 기술이 발 달하지 않아서 실현하지 못하였다.

18세기 말에 이르러 나폴레옹(Napoleon Bonaparte : 1769~1821)이 이 집트를 정복한 뒤 지중해와 홍해를 연결하는 운하를 완공하고자 1799 년에 찰스 르 페레에게 운하 프로젝트를 위임했다. 그러나 나폴레옹은 홍해와 지중해의 수위 차가 10m에 달하며, 운하 중간에 거대한 바위들 이 많다는 사전 조사 결과를 듣고 계획을 포기했다. 하지만 당시의 전쟁 상황으로 미루어 볼 때 이 보고서는 정확하지 못했던 것으로 보인다.

이후 1833년, 생-시몽주의자(Saint-Simoniens : 공상적 사회주의자)로 알려진 프랑스 지식인 그룹이 카이로에 도착하여 운하 착공에 관심을 보였으나, 당시 이집트 태수 무하마드 알리는 이에 관심을 보이지 않았 다. 오히려 그는 운하를 개착하면 이집트의 독립 유지가 불가능해진다 는 이유로 1834년 프랑스인 푸르네의 신청과 1838년과 1841년 오스트 리아 메테르니히의 출원을 각하하였다.

하지만 이후에도 생-시몽주의자들은 1846년에 프랑스, 영국, 오스 트리아 등지 지식인의 협력을 얻어 수에즈 운하 연구 협회를 설립하고, 국제 기업에 의한 운하 개착을 구체적으로 계획하였다. 하지만 영국의 자본가와 정계는 자기들의 이익을 지키기 위해 강경히 반대하였다.

1854년 이집트의 태수가 된 무함마드 사이드 파샤는 전임 태수 무하 마드 알리와 달리 유럽의 영향력에 개방적이었다. 그는 프랑스인 레셉 스에게 운하 개착 특허권과 수에즈 지협 조차권租借權을 주었다. 그리고 1856년에는 이집트의 종주국宗主國이던 오스만 투르크 제국도 이를 승 인하였다.

그래서 레셉스는 1858년 '만국 수에즈 해양 운하 회사Universal Company of

the Maritime Suez Canal'를 이집트 법인法人으로서 설립하였으며, 2억 프랑의 자본금에 주식株式을 국제적으로 공개하였다. 주식은 1주에 500프랑이었으며, 프랑스인이 20만 7,000주를 소화하고, 이집트 태수가 17만 7,000주를 인수하였다. 그리고 운하 개통 후 99년간 소유권을 법인이 보유했다가 그 후 이집트 정부에 소유권을 이양하는 데에 합의하였다.

이 모든 과정을 거친 레셉스는 공사를 시작했다. 그러나 영국이 수만 명의 이집트인을 강제 노동에 동원했다는 점과 6만 ha에 이르는 농경지 조차를 이유로 들어 이집트 정부에 항의했기 때문에 운하의 개착 공사가 일시적으로 중지되었다.

영국의 계속되는 방해로 공사가 늦어지고 이에 따른 경제적 손실이 불어나자 만국 수에즈 해양 운하 회사는 영국 및 오스만 투르크 제국과 대립하기에 이르렀다.

이러한 사태는 1864년 나폴레옹 3세(Charles Louis Napoleon Bonaparte : 1808~1873)의 중재로 해결되었으며, 1866년 '만국 수에즈 해양 운하 회사는 이집트의 회사이며, 이집트의 법과 관습에 따른다.'는 내용이 포함된 새로운 협정이 조인되었고, 같은 해에 오스만 투르크 제국 황제의 최종 공사 허가서가 나왔다.

그래서 레셉스는 운하 공사를 시작할 수 있었고, 1869년 11월 17일 세계 각국의 국가원수 · 귀빈 · 명사 등을 초대한 성대한 개통식을 가졌다.

* 1869년 11월 17일 '이집트 수에즈 운하 개통' 참조

1719년 4월 25일

다니엘 디포, 『로빈슨 크루소』 초판 출간

요크 태생인 선원 로빈슨 크루소는 아버지의 만류를 뿌리치고 모험 항해
에 나선다. 항해 도중 바다에서 난파되어 떠돌다가 홀로 무인도에 표착한
다. 로빈손은 합리적인 생각과 행동 그리고 근면과 노력으로 온갖 어려움
을 헤쳐 나가며 착실히 무인도 생활을 설계해 나간다. 우선 배에서 식량·
의류·무기, 그리고 개·고양이를 운반하여 오두막집을 짓고 불을 지피며
염소를 길러 고기와 젖을 얻고 곡식을 재배하는 한편 배를 만들어 탈출을
꾀한다. 또 식인종에게 잡아먹힐 뻔한 원주민인 프라이데이를 구출하여
충실한 하인으로 삼고, 마지막에는 무인도에 기착한 영국의 반란선을 진
압하여 28년 만에 고국에 돌아온다.

영국의 작가 다니엘 디포(Daniel Defoe : 1660~1731)가 60세 가까운
나이에 처음 쓴 장편소설이자, 그에게 명예와 엄청난 부를 안겨준『로
빈슨 크루소』초판이 1719년 4월 25일 출간되었다. 원제는『요크의 선
원 로빈슨 크루소의 생애와 이상하고 놀라운 모험The Life and Strange Surprising
Adventures of Robinson Crusoe of York』이다.

『로빈슨 크루소』는 '어떤 어려운 환경에 처해 있더라도 인간은 그러
한 고난을 헤쳐 나가 독자적인 삶을 영위할 수 있는 자립 정신을 갖고
있다.'는 디포의 창작 의도를 담고 있다. 바다에 난파되어 혼자 무인도
로 표류한 사나이가, 그곳에서 착실하게 생활을 해 나가는 모습을 극히
사실적으로 묘사하고 있다.

이 작품이 발표될 즈음의 영국은 산업 문명의 갑작스런 발달로 인해 사회 질서가 어지러워지고 인간들의 인성이 급격하게 황폐화되고 있었다. 그에 따라 현실 생활을 더욱 윤택하게 살아가기 위한 교훈적인 상식을 존중하는 분위기가 팽배했다.

그래서 무인도에 홀로 표류한 뒤 주변에 있는 자연 환경을 적극적으로 활용하면서 억척스럽게 생존해 가는 『로빈슨 크루소』의 모험담은 남녀노소 모두에게 자립 정신의 귀중한 가치를 일깨워 주면서 많은 사람들의 열띤 호응을 이끌어 냈다.

『로빈슨 크루소』는 스코틀랜드의 항해사 알렉산더 셀커크(Alexander Selkirk : 1676~1721)가 아프리카 서해의 무인도 페르난데스에 표류해 야생의 염소젖을 짜먹고 살아남은 표류기를 소재로 삼았다고 알려져 있다.

1919년 4월 25일

독일 미술 공예 학교, 바우하우스 개관

벽면을 따라 위아래로 찬장을 배열한 현대식 부엌 공간, 둥근 갓을 쓴 전기스탠드, 등받이와 팔걸이를 갖춘 철제 의자, 둥그런 손잡이를 단 주전자, 지금까지도 우리의 생활 공간에 깊숙이 침투해 있는 바우하우스 정신의 산물들이다.

1919년 4월 25일, 20세기 건축 · 디자인 · 회화 등에 혁명적인 변화를 몰고 온 미술 공예 학교 '바우하우스Bauhaus'가 독일 바이마르에서 문을 열었다.

바우하우스의 교육 이념을 체계화한 건축가 발터 그로피우스(Walter Adolph Georg Gropius : 1883~1969)의 주된 관심은 건축, 이른바 '바우 bau'를 중심으로 모든 창조예술을 통합하는 것이었다. 그러기 위해서는 지금까지 제각기 고립돼 왔던 건축 · 회화 · 가구 · 조각 등 모든 것을 하나로 묶어야 했고, '천재의 감각'에 의존해왔던 예술과 오랜 숙련이 필요한 장인의 기술도 통합해야 했다.

그래서 바우하우스에서는 중세 길드의 도제식 교육 방식이 채택됐고, 교수와 학생 간의 일방적인 위계도 무너뜨렸다. 바실리 칸딘스키 (Wassily Kandinsky : 1866~1944), 파울 클레(Paul Klee : 1879~1940), 라이오넬 파이닝거(Lyonel Charles Adrian Feininger : 1871~1956), 알렉세이 폰 야블렌스키(Alexej von Jawlensky : 1864~ 1941) 등 당대의 쟁쟁한 젊은 화가와 건축가 들도 교수진에 참여하여 그로피우스의 교육이념을 뒷받침했다.

바우하우스는 설립 당시 파격과 참신성으로 각지에서 찬사가 쏟아졌다. 하지만 전통을 옹호하고 변화를 거부하는 세력은 늘 있게 마련이다. 바이마르 시민들은 바우하우스의 작품을 이해 못한 데다 자유분방한 학생들의 모습도 눈에 거슬려 빗발치게 항의하곤 하였다.

결국 1925년 바우하우스는 데나우로 학교를 옮겼다. 하지만 그곳도 1932년 독일 나치스에 의해 폐쇄되는 바람에 1933년 결국 문을 닫았다. 그렇지만 학교 폐쇄는 바우하우스의 교수와 학생들을 세계 도처로 분산시켜 오히려 국제적인 영향력을 발휘하는 계기가 됐다.

—

1953년 4월 25일

크릭과 왓슨, DNA 구조 발견

—

이것은 기묘한 모형입니다. 그러나 DNA는 유별난 물질이므로 우리는 주 저하지 않고 싣기로 결정하는 바입니다.

－『네이처』

1953년 4월 25일, 과학 잡지『네이처Nature』에 20세기 최대의 생물학 적 성과로 평가되는 DNA(디옥시리보 핵산)의 이중나선 구조도가 실렸 다. 이것은 인간 복제를 눈앞에 두고 있는 20세기 유전자 공학의 시대 를 연 획기적인 성과였다.

영국 케임브리지 대학교 생물 연구실 소속의 미국 생화학자 제임 스 왓슨(James Dewey Watson : 1928~)과 영국 생물학자 프랜시스 크릭 (Francis Harry Compton Crick : 1916~2004)의 1년 반 만의 결실이었다. 생 물학과 물리학을 바탕으로 둘은 각종 데이터를 모아 DNA 분자 모형을 구성했다.

당시 과학자들은 염색체가 유전자라는 더 작은 단위로 구성되어 있 다는 것을 1915년에 발견했고, 카네기 연구소는 유전 비밀의 열쇠는 DNA에 있다는 것을 1952년 증명하기에 이르렀다.

문제는 DNA의 분자 구조였다. 왓슨과 크릭은 후에 그들과 노벨 생 리 의학상을 공동 수상한 모리스 윌킨스(Maurice Hugh Frederick Wilkins : 1916~2004)의 'X선 결정 해석'에서 힌트를 얻었다. '사닥다리 구조'를 원용해 3차원적으로 연결시키자 긴 사슬 형태의 뉴클레오티드 사슬이 만들어지기 시작한 것이었다.

크릭과 왓슨의 이중나선 모형은 DNA의 구조를 밝혀냄으로써 유전 탐구의 길을 열었다. 이후 생명과학은 폭발적으로 발전하기 시작하였다.

1644년 4월 25일

명나라의 마지막 황제 숭정제 자살

붉은 눈물을 떨어뜨리며 황녀들을 차례로 자기 손으로 벤 황제는 자금성 안의 신하를 모으는 비상종을 미친 듯이 흔들어댔다. 하지만 이미 중신관료들은 도망쳐 어느 한 사람도 나타나지 않았다. 황제는 텅 빈 궁을 향해 외쳤다. "짐이 망한 나라의 황제가 아니라, 네놈들이 망한 나라의 신하들이다."

중국 명나라의 제17대이자 마지막 황제 숭정제(崇禎帝 : 1610~1644)는 18세에 즉위한 후 망해 가는 나라를 다시 세우기 위해 술과 여자를 멀리하고 개혁에 힘쓴 군주였다. 그러나 나라의 운명이 기울었는지, 이민족의 침입과 부정한 신하들의 횡포는 백성들을 괴롭히고 있었다. 또한 명의 동북쪽에서는 만주족이 심양을 도성으로 하여 후금 왕조를 세우고 남하하고 있었다.

후금이 나라 이름을 청으로 고치고 북경으로 침입하려 하자 숭정제는 후금의 사정에 밝은 명장 오삼계(吳三桂 : 1612~1678)에게 군대를 맡겨 산해관을 막게 했다. 반란에 대해서는 홍승주를 보내어 토벌케 하였다.

명의 마지막 운명은 이자성(李自成 : 1606~1645)을 중심으로 한 농민군이 결정하였다. 이자성이 이끄는 군대는 개봉을 차지하고 서안을 공격하여 순왕조를 세우고는 북경까지 함락하였다. 이자성의 군대가 황궁으로 들어오자 1644년 4월 25일, 숭정제는 황녀를 궁궐 북쪽으로 데려가 죽이고 스스로도 목매어 자살하였다.

숭정제가 죽을 때까지 유일하게 곁에 있어 준 사람은 환관 왕승은王承恩뿐이었다. 황제는 장수를 기원한다는 수황정壽皇亭을 거쳐 바로 그 뒤쪽에 있는 느티나무에 목을 매었다. 황제의 왼발은 맨발이었고, 오른발에는 붉은 신발이 신겨져 있었다. 황제의 흰 옷깃에는 다음과 같은 유조가 쓰여 있었다.

"짐이 자리에 오른 지 17년, 하늘에 죄를 지어 적을 맞기를 세 번이나 하였으나 끝내 이 지경에 이르렀도다. 죽어서도 지하의 선왕들 뵐 낯이 없어 머리로 얼굴을 가리고 죽기로 하였도다. 적들은 짐의 시체를 농락하여도 괜찮을 것이나, 다만 선왕들의 능묘만은 훼손하지 말 것이며, 짐의 백성 한 사람도 해치지 않기를 바랄 뿐이다."

1989년 4월 25일

다케시타 노보루 일본 수상, 리쿠르트 사건 관련 사임

일본의 다케시타 노부로(竹下登 : 1924~2000) 수상이 1989년 4월 25일 리쿠르트 회사로부터 뇌물을 받은 사실을 인정하고 국민들 앞에서 퇴진 성명을 발표하였다.

처음에 이 사건은 리쿠르트사(社)가 가와사키 역 앞 재개발 사업에 편의를 봐달라는 명목으로 가와사키 시 공무원에게 뇌물을 준 사건으로 수사가 시작되었다. 그러나 조사하는 과정에서 일본 정부의 고위 각료와 여권 실력자들에게도 뇌물이 뿌려진 사실이 드러났다.

즉 다케시타 수상뿐만 아니라 나카소네 야스히로(中曾根康閣 : 1918~) 전 수상 등 자민당 내 최고위급 인사들이 뇌물과 주식을 받은 것으로 드러난 것이다.

이 사건은 당시 장기집권하고 있던 일본 자민당의 도덕성에 치명적인 타격을 입혔으며, 일본 사회의 뿌리 깊은 정경유착에 대한 국민들의 자각을 일깨우는 계기를 제공했다.

—

1974년 4월 25일

포르투갈, 무혈 쿠데타로 독재 체제가 무너지다

—

포르투갈은 1910년의 공화혁명으로 왕정이 무너졌다. 그리고 1932년, 프라고소 카르모나 정권하에서 재무장관으로 기용되었던 안토니우드 올리베이라 살라자르(Antonio de Oliveira Salazar : 1889~1970)가 수상이 되었다. 살라자르는 국민통일당을 조직하여 1당 독재를 추진하여 1968년 뇌혈전증으로 물러날 때까지 절대적인 권력을 누렸다.

살라자르의 퇴임 이후 마르첼로 카에타노가 후임 수상에 취임하였으나, 국내 반체제파의 불만이 고조됨과 동시에 아프리카 식민지에 대한 카에타노 정권의 탄압 정책이 여러 차례 국제적인 비난을 받으면서 어려움을 겪었다.

  그 결과, 1974년 4월 25일에 민주화를 목표로 군부 소장파 장교들에
의한 무혈 쿠데타가 일어나 40년 이상 계속된 포르투갈의 독재 체제가
무너졌다. 그리고 군사 정권은 1976년에 민정으로 이양되었다.

4월의
모든 역사

4월 26일

■
■
■

1986년 4월 26일

소련, 체르노빌 원자력 발전소에서 방사능 유출 사고가 발생하다

"1998년 8월, 나는 끔찍한 죽음과 기형, 강제 이주, 방사능에 오염된 땅과 파괴된 건물만 덩그렇게 남은 도시를 뒤로하고 외곽도로로 빠져 나왔다. 조금 안전한 곳으로 돌아왔을 때 안내원은 내 신발 바닥의 방사능을 측정하였다. 아니나 다를까, 우리는 방사능을 옮겨오고 말았다."

-닐싱 클레어

1986년 4월 26일 소련 우크라이나 공화국의 체르노빌 원자력 발전소 제4호기가 폭발하였다. 순식간에 화재가 발생하였고, 내부에 있던 대량의 '죽음의 재'가 고도 10km 상공까지 올라가 사방으로 퍼져갔다.

긴급 발전용 터빈을 실험하던 도중 발생한 이 사고로 방사능이 대량 방출되어, 한 사람은 증기에 의한 심한 화상으로, 또 한 사람은 낙하물에 맞아 현장에서 숨졌다. 얼마 뒤 4명이 더 사망했는데 거의가 소화작업을 하다 희생되었다고 한다.

이 사고로 입원한 사람은 299명으로, 그중에는 발전소의 직원과 의료관계자뿐만 아니라 발전소에서 3km 떨어진 곳에서 걸어가고 있었던 민간인 2명도 포함되었다.

4월 27일부터 체르노빌 발전소 주위 거주지에 있는 약 11만 6,000여 명의 주민들이 은밀히 다른 곳으로 강제 이주되었다. 그리고 최고 방사능 방출량을 나타내는 지역은 금지 구역으로 정해져서 일반인의 접근이 금지되었다.

사고 발생 이틀 후인 4월 28일에는 스웨덴에서 원인 모를 높은 방사능이 측정되었다. 스웨덴 당국은 원자력 발전소를 정지하고 비상조치를 취했다. 곧 소련에서 문제가 생긴 것으로 추측하고 문의하였으나 퉁명스러운 대답만을 들었다. 4월 29일에 사고 사실이 키에프 지방신문 및 국제통신사에 보도되었고, 4월 30일에는 일간 신문을 통해 전국적으로 보도되었다.

"사고 후 이곳에는 방사능으로 오염된 비가 내렸습니다. 비가 그치자 방사능을 측정해 보려고, 군대에서 보유하고 있는 측정기를 빌려왔습니다. 빌려올 때 군인들이 비웃었습니다. 그 기기는 방사능 오염이 큰 수치가 아니면 측정되지 않기 때문에 쓸모없을 거라고 말하는 게 아니겠어요?

그런데 말이죠. 그 기계를 가져와서 농장의 분뇨 수거장에 있는 거름더미
에서 측정해 보았더니 단번에 계기의 바늘이 부러져 기기가 부서지고 말
았어요. 오염이 너무 심하여 군인들도 놀라 자빠지더군요."

한 서독 농부의 증언처럼 체르노빌 사고는 기상 변화에 따라 유럽 전
역으로 확산되었다.

1986년 8월 소련 정부는 국제원자력기구IAEA에 체르노빌 방사능 유
출로 인한 사망자는 31명, 입원 환자는 200명이라고 보고하였다. 또한
소련 정부는 이 사고로 5,000만 퀴리의 방사능이 방출되었다고 보고하
였는데, 이것은 제2차 세계 대전 중 미국이 일본의 나가사키와 히로시
마에 떨어뜨린 원자폭탄 방사능 방출량의 350배에 이르는 양이다.

그러나 전문가들의 말에 의하면, 소련 정부의 공식 발표보다 훨씬 많
은 방사능이 방출된 것으로 보는 견해가 지배적이다. 학자에 따라서는
공식 발표의 3~6배 이상의 방사능이 방출되었다고 보는 경우도 있다.

하지만 이러한 사고에도 불구하고 발전소와 가까운 지역의 사람들은
경제·정치적인 이유 때문에 사고 지역을 벗어나지 못했다. 실제로 당시
갓난아기가 먹는 우유에 방사능 탐지기를 들이대면 경보가 울렸다.

1995년 발표된 유엔 보고서에 따르면 체르노빌 사태로 인해 러시아,
우크라이나, 벨로루시 등 3개국에서 900만 명의 주민들이 직간접으로
피해를 당했으며 최소 6,500명에서 3만 명이 사망했고 최소한 80만 명
이 피폭우려자로 분류됐다.

체르노빌 원전은 2000년 12월 15일 영구 폐쇄됐다.

1994년 4월 26일

남아프리카 공화국, 첫 흑백 총선거 실시

흑인과 백인의 갈등으로 정치적 혼란이 거듭되던 남아프리카 공화국에서 1994년 4월 26일, 남아공 사상 첫 흑백 총선거가 실시되었다. 다민족 정치 협상 기구인 민주 남아공 회의CODESA의 1993년 합의에 따른 것이었다.

이 선거에는 흑인 민권 지도자 넬슨 만델라(Nelson Rolihlahla Mandela : 1918~)가 이끄는 아프리카 민족회의ANC와 프레데릭 데 클레르크(Frederik Willem de Klerk : 1936~) 대통령의 집권 국민당 등 총 27개 정당이 참여했으며, 3일간 투표를 실시했다.

투표 전날인 25일 백인극우파의 소행으로 보이는 2건의 폭탄 폭발 사고로 12명이 사망하는 등 선거를 방해하려는 테러 행위가 격화되기도 했다.

하지만 선거 결과, 65%의 압도적 지지를 얻은 만델라가 남아프리카 최초의 흑인 대통령으로 당선되어 5월 10일 취임함으로써 첫 흑백 총선거는 무사히 마무리되었다.

1999년 4월 26일

사상 최악의 컴퓨터 바이러스, CIH 바이러스 발생

1999년 4월, 체르노빌 바이러스라고 불리는 컴퓨터 바이러스가 세계의 수많은 컴퓨터를 정지시켰다. 사상 최악의 컴퓨터 바이러스 대란이었다.

대만 타이페이 대학교 정보처리학과 4학년생인 천잉하오(陳盈豪 : 1975~)의 머리글자를 따서 CIH 바이러스라고 명명된 이 바이러스는 평상시에는 인터넷, CD 등 다양한 경로를 통해 컴퓨터에 잠복되어 있다가 4월 26일에 출현해 작동한 것으로, 컴퓨터의 부팅 기능을 아예 망가뜨리거나 메모리와 하드디스크의 모든 데이터를 파괴함으로써 컴퓨터의 치료를 불가능하게 만들었다.

천잉하오는 단순한 과시욕으로 인터넷에 올렸다고 주장했지만 결과적으로 세계 각국에 큰 피해를 입히고 말았다.

1937년 4월 26일

독일 나치스, 스페인의 소도시 게르니카 폭파

"피카소의 게르니카 앞에서는 아무도 입을 열지 않는다. 그저 뚫어지게 바라볼 뿐이다. 고통은 그 한계를 넘으면 도무지 표현할 수가 없기 때문이다."

1937년 4월 26일, 독일의 최정예 콘도르 폭격기 43대가 4시간에 걸쳐 50t의 폭탄을 스페인 바스크 지방에 있는 작은 도시 게르니카에 쏟아 붓고 지나갔다.

게르니카에는 인종과 언어가 나머지 스페인 지역과 다른 250만 명의 바스크인들이 거주하고 있어서 아직까지도 분리 독립을 원하는 바스크 민족주의가 강한 곳이다.

하지만 스페인 내전 때 극우 파시스트인 프란시스코 프랑코(Francisco Franco Bahamonde : 1892~1975)에 반대하고 공화파에 속했던 것이 화근이었다. 프랑코도 돕고 전투기의 성능도 시험할 겸 독일 나치스의 아돌프 히틀러(Adolf Hitler : 1889~1945)는 게르니카에 폭격 명령을 내렸다.

장날이라 북적거렸던 중앙 광장에는 폭탄이 떨어지고, 도망가는 부녀자나 노인들에게도 사격이 가해졌다. 이 폭격으로 게르니카 주민 1,500여 명이 숨졌다.

사건이 국제사회의 공분을 불러일으키자 프랑코 측은 한때 공화파의 자작극이라며 발뺌했지만 곧 독일군이 조준 불량과 경험 부족 때문이었다고 실토함으로써 독일군이 자행한 공습으로 판명됐다.

조국 스페인을 떠나 파리에 머무르고 있던 피카소는 이 끔찍한 소식을 듣고는 주체할 수 없는 분노에 몸을 떨었고 곧 깊은 슬픔에 잠겼다. 피카소는 마침 이 해에 열릴 예정이었던 파리 만국 박람회 벽화 제작에서 대작 「게르니카」를 완성하여 그의 슬픔과 분노를 표현하였다.

4월의
모든 역사

4월 27일

■
·
■

1667년 4월 27일

존 밀턴, 『실낙원』 저작권을 10파운드에 팔다

존 밀턴의 『실낙원』은 총 12권으로 이루어진 대서사시다.

1, 2권에서는 하느님에게 반역하여 지옥에 떨어진 사탄이 낙원에 사는 아담과 하와를 유혹하여 복수하려는 내용을 담았다. 3권에서는 하늘나라 이야기를 하고 있다. 이어서 4권에서는 에덴 낙원의 축복을 노래하였다.

그리고 5~8권에서는 천사 라파엘이 아담에게 사탄의 반역과 천지창조의 전말을 이야기하며 경고한다. 하지만 9권에서 인류의 시조 하와는 뱀으로 변신한 사탄의 유혹에 지고 만다.

10권에서는 죄를 진 뒤에 찾아오는 재앙을 표현하고 있고, 11, 12권에서는 인류의 역사와 구원의 예언에 관한 것이 묘사되며, 아담과 하와는 신의 섭리를 믿으며 낙원을 떠난다는 내용을 담고 있다.

윌리엄 셰익스피어(William Shakespeare : 1564~1616)에 버금가는 대시인으로 평가되는 존 밀턴(John Milton : 1608~1674)은 영국 런던의 신흥 중산 계급인 금융업자의 집안에서 태어났다.

밀턴은 작곡에 재능이 있던 아버지로부터 청교도적인 강렬한 기질과 음악 애호의 소질을 이어받고 문예부흥적인 교양을 몸에 익혔다. 또한 7세 때에는 성 바울 학원에 입학하여 라틴어, 그리스어, 헤브라이어를 배웠다.

이러한 환경에서 자란 밀턴의 사상적 틀이 인문주의와 청교도주의가 된 것은 당연한 것이었다. 1625년 밀턴은 케임브리지 대학교 크라이스트 칼리지에 입학하였다. 이곳에서 그는 단정하고 수려한 용모와 청순한 생활태도 때문에 '크라이스트 칼리지의 숙녀'라는 별명을 얻었다.

밀턴은 1626년에 짧은 반가톨릭적인 서사시 「11월 5일」을 통해 생생하게 악마와 지옥을 묘사하였다. 이미 이때 밀턴의 라틴어 시는 다른 이들의 추종을 불허하는 높은 수준에 도달하여 있었다.

또한 1629년에는 시적 천재성을 발휘하여 「그리스도 강탄의 아침에」를 영어로 썼다. 이 시는 종교적 주제에 있어서나 기교적인 원숙함에 있어서 밀턴의 장래 방향을 선언한 작품이었다.

그리고 1631년에는 「쾌활한 사람」과 「침사沈思의 사람」 같은 문예부흥적인 향기가 높이 풍기는 우미한 심정을 토로한 작품을 발표하였다. 이때부터 밀턴은 아버지가 희망하였던 성직자가 되는 길을 버리고, 본격적으로 시를 쓰는 일에 전념하였다.

이후 밀턴은 케임브리지 대학교를 졸업하고, 1632년부터 1638년까지 약 6년간 런던 서쪽 교외의 호튼에서 전원생활을 하였다.

거기에서 그의 위대한 테마인 선악 갈등을 최초로 연극적으로 표현한 가면극 「코머스」(1634)와 신의 섭리를 소원하면서 새로운 희망으로 사는 결의를 피력한 목가적 작품이며 불의의 해난 사고로 죽은 친구를 추도한 시 「리시다스」(1637)를 발표하였다. 밀턴의 생애를 크게 3기로 나눌 때, 이때까지가 제1기에 해당한다고 할 수 있다.

그리고 밀턴은 1637년에 이탈리아를 여행하고, 1639년 귀국하여서는 청교도들의 종교적 신념을 가혹한 형벌로 탄압하던 영국 성공회에 대항하여 올리버 크롬웰(Oliver Cromwell : 1599~1658)의 공화제를 옹호하는 글을 썼다. 그러면서 정치적 위기에 휩쓸려 논쟁으로 지샌 20년간의 제2기가 시작되었다.

밀턴은 산문 활동에도 열심히 전념하였다. 주로 세 종류의 글로 구분할 수 있는데, 첫째 종류는 새로운 예루살렘의 도래를 믿고, 감독제도 하에 있던 영국 성공회를 비판하며 성서 중심주의를 전개한 여러 논문이다.

둘째는 결혼 생활을 이혼으로 끝내고 자연과 이성을 근거로 하여 성서의 권위에 도전한 4편의 『이혼론』이며, 마지막으로 셋째는 찰스 1세(Charles I : 1600~1649)의 처형을 지지하고 크롬웰의 공화제를 옹호한 일련의 논쟁문서, 즉 『왕과 위정자의 재임』(1649)과 『우상파괴자』(1649), 『영국 국민을 위해 변호하는 서書』(1654) 등이다.

이들 작품으로 인해 그의 이름은 유럽 전역에 알려졌다. 그러나 밀턴은 1652년에 크롬웰의 공화정에서 외국어 담당관으로 일하면서 지나친 격무로 말미암아 시력을 잃었다.

게다가 1660년이 되자 그의 노력은 보람도 없이 공화제가 좌절되고 왕정이 복고되었다. 따라서 그는 신변이 위험해지고 완전 실명의 불행한 처지에 놓여 실의에 빠지게 되었다.

그 이후가 밀턴의 생애 중의 제3기에 해당한다. 하지만 그는 기적적으로 처형을 면하게 되어 만년의 3대작을 내놓게 되었다.

그 첫 번째 작품이 1667년에 출간된 인간의 원죄原罪와 그 죄로 인한 낙원 상실의 비극적 사건을 다룬 대서사시 『실낙원Paradise Lost』이다. 시력을 잃은 밀턴은 구술을 통해 딸들에게 대필을 시켜 『실낙원』을 1665년에 탈고하였다.

하지만 출간까지는 2년 반을 기다려야 했다. 1665년에 런던을 휩쓴 대역병과 1666년 대화재 때문에 출판 여건이 좋지 않았던 데다 찰스 2세(Charles Ⅱ : 1630~1685)의 즉위로 왕정이 복고된 후 크롬웰의 공화정 정부에서 일했던 밀턴을 출판계에서 꺼렸기 때문이다.

밀턴은 1667년 4월 27일에야 겨우 출판 계약을 맺어 『실낙원』 원고를 넘길 수 있었다. 하지만 『실낙원』의 출판 계약서에는 다음과 같이 명시되어 있었다.

> 원고를 넘길 때 5파운드를 지급하며 1쇄가 다 팔리면 5파운드를 추가로 내준다. 2쇄, 3쇄, 4쇄가 팔릴 때마다 5파운드씩 지급한다.

위대한 대서사시 『실낙원』이 계약 당시 겨우 10파운드에 저작권이 넘어간 것이었다. 이 계약은 당시 기준으로는 작가에게 다소 불리할 뿐 정상적인 계약이었다. 또한 출판계에서 기피인물로 낙인찍힌 밀턴으로서도 어쩔 수 없는 선택이었다.

가까스로 5파운드를 받고 출판 계약을 한 밀턴이 추가 인쇄 5파운드를 받은 시기는 만 2년 뒤인 1669년 4월 『실낙원』 1쇄 1,300부가 매진된 뒤였다.

20세기에 들어와서 토마스 엘리엇(Thomas Steams Eilot : 1888~1965) 등은 『실낙원』의 과도한 형식미를 비판하였다. 하지만 『실낙원』은 낭랑한 장중체와 강직한 단순체를 조화롭게 잘 썼으며, 성서나 고대 및 르네상스 시대의 작품을 그 속에 수록하여 집대성하였다는 평가를 받으며 오늘날까지도 그 위대한 문학적 고전의 명성을 유지하고 있다.

밀턴은 이어서 『복낙원Paradise Regained』과 『투사 삼손Samson Agonistes』을 써서 1671년에 출간하였다.

『복낙원』은 광야에서 그리스도가 사탄의 유혹을 물리침으로써 그가 최후의 시련에도 이겨낼 수 있음을 보여 준 대서사시이다. 그리스도의 인간적인 역할을 강조한 작품으로, 인간이 견고한 성실과 신의 의지에 대한 겸손한 순종으로 일을 행하면 어떤 일이라도 해낼 수 있다는 것을 보여주는 작품이다.

또한 『투사 삼손』은 구약성서에 나오는 영웅 삼손을 주인공으로 하여 쓴 작품이다. 삼손은 머리카락을 뽑혀 힘을 잃고 노예로 전락한 자신의 비참함과 치욕에 마음을 빼앗긴다. 하지만 그는 마음을 돌이켜 사심私心 없는 겸손과 억제를 배워 정신적으로 힘을 회복한다. 그 결과, 자신을 재차 신에게서 선택받은 전사戰士라고 느끼게 된다. 『투사 삼손』은 이런 과정이 잘 묘사되어 있는 작품이다.

이 외에도 밀턴은 『그리스도교 교의론』(1658~1660), 미완성의 『영국사History of Britain』(1670), 『간이 라틴어 문법』(1669)과 『논리학』(1672), 『사신집Epistolae Familiares』 『연설집Prolusiones Oratoriae』(1674) 『모스크바 소사小史』 (1682) 등을 썼다.

1908년 4월 27일

제4회 올림픽 경기 대회, 영국 런던에서 개막

제4회 올림픽 경기 대회가 1908년 4월 27일 영국 런던에서 개막됐다. 이 대회는 21개국 2,059명의 선수가 모여 제1회 아테네 올림픽 이후 가장 성대하게 열린 대회였다.

런던 올림픽은 이전과는 달리 국가 대항전의 성격을 띤 올림픽 대회로, 국가 간 경쟁이 이루어지면서 올림픽 경기 대회의 급속한 양적 성장을 이루는 계기가 됐다.

또한 런던 올림픽은 올림픽사에 여러 진기록들을 낳았다. 이전에는 대략 40km 정도로 정해졌던 마라톤 코스의 거리가 당시 마라톤 출발지인 윈저 궁전에서 올림픽 스타디움까지의 거리를 실측한 결과 42.195km이라는 사실이 밝혀져 이것이 향후 마라톤 코스의 정식거리가 되었다.

또한 이탈리아의 마라토너 도란도 피에트리가 골인 지점 앞에서 의식을 잃어 운영 요원의 부축을 받아 골인한 것이 문제가 돼 실격 처리가 되었다. 그리고 런던 올림픽부터 수영 경기가 처음 등장하였다.

기원전 399년 4월 27일

그리스의 철학자 소크라테스, 독배 마시고 사망

그리스의 철학자 소크라테스(Socrates : B.C. 470~B.C. 399)가 70세의

나이로 독배를 마시고 숨을 거뒀다. 죄명은 당시 그리스 사람들이 믿는 신을 믿지 않았다는 불경죄와 젊은이들을 타락시켰다는 혐의였다.

기원전 397년 3월 27일, 소크라테스는 첫 배심에서 500명의 아테네 배심원들 가운데 280명이 그의 유죄를 인정해서 유죄 판결을 받았다. 아테네 재판 방식에는 유죄가 인정된 사람에게 항변의 기회를 준 후 다시 형벌을 정하게 되어 있었는데 이 제도가 소크라테스에게는 오히려 불리하게 작용했다.

소크라테스는 항변의 기회가 주어지자 "자신은 죄가 없다." "배심원들이 자신의 공을 인정하고 광장에서 향연을 베풀어줘야 한다."며 공격적인 항변을 한 것이다.

그래서 유죄라고 인정한 280명에 다시 80명이 보태진 360명이 사형 지지자로 돌아섰다. 결국 정확히 한 달 뒤인 4월 27일, 소크라테스는 아테네 국외로 도망치라는 친구와 제자들의 설득을 거절한 채 독배를 마셨다.

소크라테스의 비극은 역사적이고 개인적인 요인들의 우연적인 결합에서 비롯되었다. 당시 아테네는 30년 동안 지속되다가 기원전 404년에야 끝난 펠로폰네소스 전쟁에서 스파르타에게 패배해 사회 전체가 어수선했으며 인구의 3분의 1을 죽음으로 몰고 간 두 차례의 전염병과 시칠리아 침공 실패 등으로 사회 분위기는 극도로 암울했다.

더구나 소크라테스의 제자 중에 아테네 시민들이 극도로 불만스러워했던 '30인 참주제'에 참여한 악덕 참주가 있었다. 또한 적국인 스파르타에 전쟁에 관한 정보를 비밀리에 제공한 제자도 있었다는 사실이 아테네 사람들에게 알려졌다. 이 때문에 사람들은 전쟁과 폭정에 대한 쓰라린 기억이 들 때마다 소크라테스를 원망했다.

이때 우연히 찾아온 그에 대한 고발은 희생양을 찾고 있던 사회 분위기와 정확히 맞아 떨어졌고 결국 소크라테스는 독배를 마셔야 했다.

2001년 4월 27일

미주 대륙 최초의 고대 문명, 페루에서 발견

남미 페루의 잉카 문명을 앞서는 고도의 문명 사회가 존재했던 것으로 밝혀졌다. 2001년 4월 27일에 발간된 미국의 과학 전문지 『사이언스science』에 따르면, 페루의 수도 리마에서 북쪽으로 약 200km 떨어진 카랄 유적의 연대를 정밀 측정한 결과 약 4000년 전인 기원전 2600년경에 조성된 것으로 판명됐다.

당초 고고학자들은 카랄 유적의 연대를 기원전 1000년으로 추정했었다. 미국 · 페루 공동 연구팀은 카랄 유적에서 발견된 식물 샘플에 대해 탄소동위원소를 이용한 연대 측정을 해 이같은 사실을 밝혀냈다.

이같은 결과는 아메리카 대륙에 고도로 집단화된 도시 문명이 형성된 시점을 800년 이상 앞당긴 것으로, 이에 따르면 페루의 카랄이 아메리카 대륙 최초의 도시 문명이라는 새로운 역사가 성립하는 것이었다.

연구팀 보고서에 따르면, 이집트인들이 피라미드를 건설하고 메소포타미아, 중국, 인도에서 초기 문명이 시작되고 있을 당시, 남미의 페루에서는 대규모 석조물과 피라미드 주거지가 건설되는 등 문명이 융성하고 있었다.

또 연구팀은 당시 카랄에 이미 농어업 및 수공업 문화가 있었으며, 중앙집권적 정부나 조직이 주민들을 동원해 60피트 높이의 피라미드를 6개나 건설했다고 밝혔다.

1960년 4월 27일

토고, 프랑스에서 독립

토고는 아프리카 서부 기니만灣 연안에 있는
나라로, 정식 명칭은 토고 공화국Togolese Republic이
다. 1885년 토고 해안에 대한 독일의 지배권이
베를린 회의를 통해 국제적으로 최초로 인정되
었다.

토고 국기

제1차 세계 대전 이후 토고는 프랑스와 영국의 두 위임통치령으로 분
할되었고 1946년 서쪽 일부를 가나에 뺏긴 상황에서 동부의 프랑스령
토골란드 지역이 1946년 국제연합UN의 신탁통치를 받게 되었다.

1956년에 토고 자치정부를 수립한 뒤, 프랑스령은 1958년 UN 감시
하의 총선에서 완전 독립을 요구하는 토고 통일위원회가 승리해 1960
년 4월 27일 공화국으로 독립했다.

이후 초대 대통령에 실바뉘 올랭피오(Sylvanus Epiphanio Olympio :
1902~1963)가 취임했으나 1963년 냐싱베 에야데마(Gnassingbe Eyadema
: 1935~2005)의 쿠데타로 암살당하였다.

에야데마는 1967년 군부 독재를 시작해 2005년 2월 사망하기 전까지
38년간 집권하였고, 그의 아들 포르 냐싱베(Faure Essozimna Gnassingbé :
1966~)가 현 대통령으로 집권하고 있다.

4월의
모든 역사

4월 28일

1945년 4월 28일

이탈리아의 독재자 무솔리니가 처형되다

"현재 눈앞에 펼쳐진 전쟁을 반대하는 운동은 지극히 비열하다. 나는 평상시 같으면 결코 이 말을 하지 않으리라. 그러나 이제야 거짓 아닌 완전한 신념으로써 크게 소리지른다. 무섭고도 매혹적인 '전쟁'을……."

-베니토 무솔리니

이 말은 사회주의자들을 궐기시켰다. 얼마 전까지만 해도 열렬한 사회주의자였던 이탈리아의 베니토 무솔리니(Benito Amilcare Andrea Mussolini : 1883~1945)가 가장 무서운 반反사회주의자로 바뀌어 버린 것이다. 과거 무솔리니는 1912년 사회당 기관지 『전진』의 편집장으로서 반군국주의 · 반제국주의를 주장하면서 조국 이탈리아가 제1차 세계 대전에 절대 개입해서는 안 된다고 말했다.

그러나 전쟁의 혼돈 속에서 어릴 적부터 꿈꾸던 위대한 로마제국의 시저가 되고 싶다는 야망이 솟아오른 것이다. 그는 『전진』의 편집장직을 사퇴했고 사회당은 그의 당적을 박탈했다.

"나는 요즘 배신자라는 소리를 듣고 있다. 이제 이탈리아에서는 온갖 사상, 온갖 신앙, 온갖 당파에서 나온 배신자들에 의한 토너먼트가 벌어지고 있다."

무솔리니는 전쟁을 지지하는 한 출판업자의 지원을 받아 『이탈리아 인민』지의 편집을 맡았다.

"오늘 이후 이탈리아 민족은 단지 이탈리아 민족일 뿐이다. 철과 철이 만나고 우리의 가슴속에서는 한 가지 외침이 터져 나온다. 이탈리아 만세!"

그는 프랑스가 패배할 경우 유럽의 자유주의는 심각한 타격을 입을 것이라고 말하며 이탈리아가 전쟁에 참가할 것을 주장했다. 파시즘의 탄생을 알리는 첫닭 울음소리가 이탈리아에 울려 퍼지고 있었던 것이다.

파시즘fascism은 제1차 세계 대전 직후인 1920년대부터 제2차 세계 대전이 끝날 때까지 여러 국가에서 나타났던 독재적인 정치 · 경제 · 사회 체제를 일컫는 말이다. 이 말의 유래는 파쇼fascio에서 나온 것으로 고대 로마에서 권위의 상징이었던 느릅나무나 자작나무 가지의 묶음을 의미했고 이후 결속 · 단결이라는 뜻을 지니게 되었다.

파시즘은 반자유주의 · 반의회주의 · 반마르크스주의의 성격을 가지며, 개인은 국가의 절대적인 우위를 인정하여 국가와 카리스마적인 지도자에게 완전히 복종해야 했다. 이 사상은 제2차 세계 대전을 전후하여 무솔리니의 이탈리아, 히틀러의 독일, 천황을 숭배한 일본에서 유행했고, 제2차 세계 대전 후에도 스페인과 다른 몇몇 나라에서도 파시즘이라 할 만한 모습이 보였다.

무솔리니는 1883년 대장장이의 맏아들로 태어났다. 하지만 아버지는 술주정뱅이로 가족들은 끼니를 걱정할 정도였다. 어린 무솔리니는 반항적이고 다루기 힘든 아이가 되었다. 마을학교의 교사들은 이런 아이를 제대로 교육시키기 위해 규율이 엄격한 살레지오회 수도원학교에 보냈으나 정학 처분을 받는 등 어지러운 세상만큼이나 혼돈한 어린 시절을 보냈다.

1901년 무솔리니는 초등학교 교사가 되었으나 만족하지 못하였다. 1902년부터는 스위스에서 사회주의자와의 접촉하면서 사회주의 운동에 적극적으로 참여하였다. 하지만 자기 과시적이며 영웅주의적 기질이 강했던 무솔리니는 국내 정세 변화에 따라 반사회주의자로서 파시스트로 급변하였다.

제1차 세계 대전의 참전을 주장하던 무솔리니는 참전을 위한 파쇼를 조직하고 전장으로 달려나갔다. 그리고 전쟁이 끝난 후 1919년 3월 밀라노에서 제대군인과 반사회주의자를 끌어 모으면서 '전투자동맹'을 조직하였다. 그 조직을 통해 위대한 이탈리아를 외치며 사회주의자들을 테러하였고, 노동자와 농민의 데모에 맞섰다. 그는 자본가 · 지주 · 군부의 지원을 얻고는 1921년 국회의원에 당선되어 전투자동맹을 파시스트당으로 바꾸면서 당수가 되었다.

무솔리니는 정치적인 성장의 도구로 대중집회를 많이 이용하였다. 스타카토로 반복되는 그의 웅변은 엄청난 위력을 발휘했고, 연극을 하는 듯한 과장된 몸짓과 당당한 체격은 많은 지지자를 불러모을 수 있었다. 비록 모순 투성이의 말들도 곧잘 해냈지만 생동감이 넘쳐흐르는 단어와 적절한 비유는 집회장을 메운 군중들을 열광의 도가니로 몰아넣었다.

1922년 사회당의 총파업이 시작되자 무솔리니는 정부가 파업을 저지하지 않으면 파시스트가 직접 총파업을 저지할 것임을 선언했다. 그리고 나폴리에서 열린 집회에서 "파시스트에게 정권을 넘겨주지 않는다면 우리 스스로 로마로 진군해 직접 정권을 인수받을 것이다."라고 연설했다. 격앙된 군중들은 일제히 "로마! 로마!"를 외치며 그의 열변에 호응을 보냈다. 그리고 1922년 10월 '로마 진군'이라는 쿠데타로 정권을 인수받았다.

이후 최연소 이탈리아 총리가 된 무솔리니는 국내의 정치와 경제를 개혁하였고, 에티오피아 침략(1935) · 스페인 내란(1936~1939) 간섭 등으로 제국주의적 팽창에 힘썼다. 1939년에는 독일 · 일본과 함께 국제 파시즘 진영을 구성하고 다음해 제2차 세계 대전에 참여하였다.

그렇지만 제2차 세계 대전이 사실상 마침표를 찍은 1945년 4월 25일, 무솔리니는 정부情婦 클라라 페타치(Clara Petacci : 1912~1945)와 함께 밀라노를 탈출한다.

하지만 둘은 목적지인 스위스 땅을 밟아보지도 못하고 탈출 이틀 만에 이탈리아 북부 코모 호수 근처에서 파르티잔에게 체포되었다. 무솔리니는 "살려만 주면 제국을 주겠다."며 목숨을 구걸했으나 용서받기에는 그가 인류에 끼친 악행이 너무 컸다.

4월 28일 무솔리니와 페타치는 약식재판을 거쳐 총살형에 처해졌고 시체는 밀라노의 로레타 광장에 거꾸로 매달려 군중 앞에 공개됐다.

2001년 4월 28일

미국의 억만장자 데니스 티토,
세계 최초로 우주 관광

"우주 여행을 향한 내 필생의 꿈이 실현되는 것이다."

-데니스 티토

미국의 억만장자 기업인 데니스 티토(Denis Tito : 1940~)가 2001년 4월 28일 세계에서 최초로 우주 관광객이 됐다.

이탈리아계 미국인인 티토는 국제 우주 정거장iss 건설과 유지에 필요한 물자를 보급하는 임무를 맡고 있는 러시아 우주 화물선 소유즈-TM32호의 승객 자격으로, 900시간의 훈련을 받고 2명의 러시아 우주비행사와 동행하였다.

우주선은 카자흐스탄 공화국의 바이코누르 우주선 기지에서 발사됐으며, 티토는 ISS에서 6일간의 우주 여행을 끝내고 카자흐스탄의 사막에 무사히 착륙했다.

1960년대 화성탐사선의 우주 비행 궤적을 고안하는 우주 과학자로 사회생활을 시작한 티토는 캘리포니아 주에서 투자금융회사를 운영하고 있다.

티토는 10대 때인 1957년 소련 인공 위성 스푸트니크호가 처음으로 우주 비행에 성공했을 때 이미 우주 여행을 꿈꾸기 시작했다.

1991년 모스크바 여행 중 처음으로 우주 관광의 가능성을 검토했으며 티토는 안전을 우려하는 미 항공 우주국의 만류에도 불구하고 ISS에서 발생할지도 모를 만일의 사고에 대한 책임을 감수하고 손해를 보상하겠다는 서류에 서명함으로써 관계 당국의 승인을 얻어냈다.

티토는 키 164cm에 체중 63kg의 작은 체구였지만 강인한 의지와 각고의 노력으로 마침내 평생의 꿈을 이룬 것이다.

—

1952년 4월 28일

샌프란시스코 강화 조약 발효로
연합국의 일본 점령이 끝나다

—

샌프란시스코 강화 조약은 1951년 9월 8일 미국 샌프란시스코 전쟁 기념 공연예술 센터에서 맺어진 일본과 연합국 사이의 평화 조약이다. 대일강화조약對日講和條約이라고도 불린다. 이날 서명된 조약은 1952년 4월 28일에 정식으로 발효되었다. 주요 내용은 다음과 같다.

1. 일본은 한반도의 독립을 승인하고, 타이완과 평후 제도, 지시마 열도(쿠릴 열도), 사할린에 대한 일체의 권리를 포기한다.

2. 남태평양 제도의 구 위임 통치 지역은 미국이 신탁 통치하며, 오키나와 와 오가사와라 제도는 미국의 신탁 통치 예정 지역으로 삼는다.

3. 일본은 일체의 국외 자산과 조약체결국에 대한 모든 청구권을 포기한다.

샌프란시스코 강화 조약이 발효됨에 따라 연합국의 일본 점령은 공식적으로 종결되었다. 하지만 이 조약은 전쟁 피해국인 한국과 중국의 참여가 배제되었다는 근본적인 결함이 있었다.

중국의 대표권에 대해서는 미국과 영국의 의견이 일치하지 않아 중화민국도, 중화인민공화국도 회의에 초청받지 못했다. 소련은 참가했지만 조약에 서명하지는 않았다.

1686년 4월 28일

영국의 물리학자 뉴턴, 만유인력 법칙 발표

1686년 4월 28일 영국의 물리학자 아이작 뉴턴(Issac Newton : 1642~1727)이 『자연철학의 수학적 원리』 3권을 통해 만유인력 법칙을 발표했다.

만유인력의 법칙에 따르면 질량을 가진 모든 물체는 두 물체 사이의 질량의 곱에 비례하고, 두 물체의 질점 사이 거리의 제곱에 반비례하는 인력이 작용한다.

즉 태양이나 행성 같은 우주의 모든 물체 사이에는 서로 당기는 힘 F 가 작용하며, 물체의 종류 또는 물체 사이에 존재하는 매질媒質과는 관계없이 그 물체의 질량 m, m의 곱에 비례하고, 두 물체의 질점 사이의 거리 r의 제곱에 반비례한다는 법칙을 말한다.

$$F = \frac{GMm}{r^2}$$

G만유인력 상수 = $6.67259 \times 10^{-11} \text{Nm}^2\text{kg}^{-2}$

뉴턴은 태양과 행성 사이에서 작용하는 인력이 두 천체의 질량과 거리에 의해 결정되므로 어떤 특정한 천체에 국한되는 것이 아니라 질량이 있는 모든 물체 사이에 작용한다고 생각하였다.

만유인력은 우리가 항상 느끼고 있는 힘이다. 사람이 하늘을 날지 않고 땅 위를 걸어다닐 수 있는 것은 이러한 만유인력 때문이다. 사과와 같은 물체가 땅 위로 떨어지는 것도 만유인력이 있기 때문이다. 태양과 지구 사이에도 만유인력이 존재하여 공전 운동이 가능하다.

* 1634년 1월 4일 '영국의 물리학자 뉴턴 출생' 참조

—

1969년 4월 28일

샤를르 드 골, 프랑스 대통령직 사임

—

"나의 제안이 국민투표에서 거부된다면 사임하겠다."

-샤를르 드 골

프랑스 제5공화국의 초대 대통령 샤를르 드 골(Charles Andr Marie

Joseph De Gaulle : 1890~1970)이 1969년 4월 28일 사임했다.

이날 실시된 국민투표에서 그가 제안한 지방자치제 개혁과 상원 개혁안을 52.42%의 국민들이 반대하였기 때문이다. 부결이 1972년까지 보장된 대통령직의 사임을 강제하는 것은 아니었지만 10여 일 전 드 골은 한 TV인터뷰에서 국민투표가 거부된다면 사임하겠다고 공언을 한 터였다.

드 골의 사임으로 상원의장 알랭 포에르(Alain Émile Louis Marie Poher : 1909~1996)가 대통령 권한대행을 맡았다. 그리고 그해 6월 16일 실시된 대통령 선거에서 조르주 퐁피두(Georges Jean Raymond Pompidou : 1911~1974)가 프랑스 제5공화국의 두 번째 대통령으로 당선됐다.

1890년에 프랑스 릴에서 태어나 생시르 육군사관학교를 졸업한 드 골은 제1차 세계 대전 때 일선 장교로 참전했다 부상당해 독일군의 포로가 됐다. 제2차 세계 대전때에는 기갑사단장, 국방차관직을 수행하다 파리가 독일군에 함락되자 런던으로 망명, 그곳에서 대독항전을 독려하며 레지스탕스를 조직했다.

1958년 6월 총리가 된 드 골은 그해 9월 28일 마침내 대통령의 권한을 강화시킨 제5공화국을 발족시켰다. 1958년과 1965년에 연이어 대통령에 당선된 드 골은 '위대한 프랑스'를 기치로 내걸며 미국의 패권주의에 맞섰고, 캐나다에서는 퀘벡의 독립을 부추겼다.

드 골은 사임 1년 뒤인 1970년 11월 9일 세상을 떠났다.

1967년 4월 28일

미국의 권투 선수 무하마드 알리, 징병 거부

1967년 4월 28일 미국 텍사스 주 휴스턴 징병국에 출두한 프로복싱 세계 헤비급 챔피언 캐시어스 클레이(Cassius Clay : 1942~)는 신체검사에 합격했지만, '자신은 아랍 모슬림의 선교사'라며 정부가 일반 목사의 병역을 면제하고 있기 때문에 자신 또한 징병을 거부한다는 의사를 표명했다.

클레이는 1964년부터 이슬람교도로 개종해 무하마드 알리라는 이름으로 불렸다.

세계 권투 협회WBA는 즉각 클레이의 타이틀을 취소하는 등 클레이의 병역 거부는 큰 파문을 일으켰다. 그해 6월 휴스턴 연방 지구 재판소는 클레이에게 5년의 금고와 1만 달러의 벌금형을 판결했다.

한편 클레이는 이 사건을 계기로 베트남 반전 운동과 흑인 해방 운동의 상징적인 존재가 됐다.

* 1942년 1월 17일 '미국의 권투 선수 무하마드 알리 출생' 참조
* 1964년 2월 25일 '무하마드 알리, WBA 헤비급 챔피언 획득' 참조

4월의
모든 역사

4월 29일

■
．
．
．
■

1429년 4월 29일

프랑스의 잔 다르크,
백년 전쟁에서 오를레앙을 되찾다

"프랑스를 침략한 영국군을 몰아내라. 잔 다르크! 이것이 하느님인
내가 네게 준 거룩한 사명이다."

15세기 영국과의 백년전쟁 후기에 프랑스를 위기에서 구한 영웅적인 소녀 잔 다르크(Jeanne d'Arc : 1412~1431)가 1429년 4월 29일 오를레앙을 되찾았다.

잔 다르크는 프랑스 동레미라뷔셀의 독실한 그리스도교 가정에서 태어났다. 1429년의 어느 날, 그녀는 "프랑스를 구하라."는 신의 음성을 듣고 고향을 떠나 서쪽으로 가서 루아르 강변의 시농성에 있는 샤를 황태자를 방문하여 싸움터에 보내어 줄 것을 간청하였다.

당시의 프랑스는 북반부를 영국군 및 영국에 협력하는 부르고뉴파 군대가 점령하고 있었다. 왕위도 1420년에 체결한 트루아 조약에 따라 샤를 6세(Charles Ⅵ : 1368~1422) 사후에는 영국 왕 헨리 5세(Henry Ⅴ : 1387~1422)가 계승하고, 또 헨리 5세의 사후에는 그의 아들인 헨리 6세(Henry Ⅵ : 1421~1471)가 잇도록 되어 있어, 프랑스 황태자 샤를은 왕위 계승에서 제외되어 있는 형편이었다.

잔 다르크는 샤를 황태자에게 받은 군사를 이끌고 나가, 영국군의 포위 속에서 저항하고 있던 프랑스군을 지휘하며 오를레앙 전투에서 앞장서서 싸웠다. 그 후 흰 갑주에 흰 옷을 입고 선두에 서서 지휘하는 '오를레앙의 처녀' 잔 다르크의 모습만 보고도 영국군은 도망하였다. 이리하여 그해 4월 29일 영국군은 오를레앙에서 완전히 패퇴하였다.

랭스까지 진격한 잔 다르크는 마침내 이곳 성당에서 전통적인 전례에 따라 샤를 황태자를 샤를 7세(Charles Ⅶ : 1403~1461)에 임명하는 대관식을 거행토록 하였다. 샤를 7세가 영국의 헨리 6세에 앞서 왕위를 계승한 것이었다. 잔 다르크에 대한 왕의 측근들의 질시와 선망 속에서도 잔 다르크는 샤를 7세에게 더욱 충성을 하였다.

하지만 1430년 5월 잔 다르크는 콩피에뉴 전투에서 부르고뉴파 군사에게 사로잡혀 영국군에게 넘겨졌다. 그리고 1431년 종교 재판에서 마녀라는 선고를 받고 루앙에서 화형을 당하였다.

하지만 1456년 샤를 7세는 잔 다르크의 유죄판결을 파기하면서 명예를 회복시켰고, 가톨릭 교회에서는 1920년 그녀를 성녀로 시성하였다.

* 1412년 1월 6일 '잔 다르크 출생' 참조

1988년 4월 29일
미하일 고르바초프, 소비에트 연방에서 종교의 자유를 늘릴 것을 공표하다

글라스노스트는 소비에트 연방의 리더인 미하일 고르바초프(Mikhail Sergeyevich Gorbachyev : 1931~)가 1985년에 실시한 개방 정책이다.

이 정책으로 인해 종래에 반소적反蘇的이라고 금지된 문학작품이나 영화·연극 등이 공개되었다. '역사의 공백을 메우자'라는 표어 아래 스탈린 시대의 진실이 밝혀지고, 니콜라이 부하린(Nikolai Ivanovich Bukharin : 1888~1938)의 명예가 회복되었으며, 레온 트로츠키(Leon Trotskii : 1879~1940) 저작이 부분적으로 소개가 되었다.

또 현 상황을 혹독하게 비판하는 발언이나 미공개의 통계, 원자력 잠수함의 사고 등도 보도되었고, 당협의회와 인민 대의원 대회도 텔레비전으로 중계되었다. '마르크스-레닌주의는 너무 시대에 뒤떨어진 사상이다.'라는 견해도 잡지에 실렸으며 여론조사도 활발해졌다.

그리고 마침내 고르바초프는 1988년 4월 29일 소비에트 연방에서 종교의 자유를 늘릴 것을 공표하였다. 이는 그동안 칼 마르크스(Karl Heinrich Marx : 1818~1883)를 통해 "종교가 지배 계층인 부르주아가 피지배 계층인 프롤레타리아 계급을 착취하는 수단으로 활용된다.""종교는 마약과 같다."는 등 강한 어조로 종교에 부정적인 견해를 밝혔던 소비에트 연방에 획기적인 사상적 변화가 일어났음을 뜻하는 것이다.

그러나 특권 계급의 부패는 신랄하게 공개·비판하면서도 고르바초프 대통령 자신과 그 주변에 대한 비판은 금지되었다. 하지만 글라스노스트는 비록 제한적 공개이기는 하나 수동적인 국민을 활성화시키고 보수 관료와 사회의 부패를 비판하여 확실히 소련의 민주화에 기여하였다.

고르바초프가 글라스노스트 정책을 실시한 이유는 그의 페레스트로이카 경제 정책을 비판하는 소비에트 연방 공산당의 간부들 때문이었다. 고르바초프는 공개 토론, 비판, 열린 포럼 등을 통해 더 많은 러시아인들에게 그의 페레스트로이카 경제 정책을 홍보하려 했다.

* 1931년 3월 2일 '소련 대통령 미하일 세르게에비치 고르바초프 태어나다'
   참조

1992년 4월 29일

미국 로스앤젤레스 거주 흑인 폭동 발생

흑인 로드니 킹이 1991년 3월 난폭한 운전을 한 혐의로 백인 경찰관 4명에게 무차별 구타를 당하였다. 하지만 법원은 이들 경찰들을 무죄로 판결하였다.

1992년 4월 29일, 흑인은 한 명도 없이 백인 10명을 포함한 배심원 12명이 흑인 청년 로드니 킹을 무자비하게 구타한 경찰관들에게 무죄 평결을 내렸다.

그러자 이날 저녁부터 흑인들이 집단적으로 살고 있는 로스앤젤레스 사우스센트럴을 중심으로 하여 폭동이 일어났다.

주방위군 6,000명과 연방군 1,000명이 사태를 장악하기까지 이 사건으로 3일 동안 58명이 사망했고, 2,383명이 부상했으며 3,010명이 연행됐다. 2,300여 업소가 피해를 입어 재산 피해액도 5억 5,000달러가 넘었다. 특히 한국인의 재산 피해가 3억 달러에 달했다.

그래서 미국 언론에서는 흑백 갈등을 흑인과 한국교민과의 갈등으로 몰아가기도 했다. 하지만 LA 폭동은 근본적으로 백인 주류사회에 대한 흑인들의 증오의 폭발이었다. 인구 12%를 차지하는 흑인들은 열악한 생활여건에 시달려왔다. 흑인 가구당 수입은 미국 평균치의 60%밖에 안 되었고, 실업률은 다른 지역에 비해 2배가 높았다. 지난 25년 동안 공화당 행정부 아래 지속된 '가진 자만을 위한 보수적 인종정책'이 갈등을 부채질했다.

미국 LA 지역을 무법천지로 몰아넣은 흑인 폭동은 미국 사회의 암적 요소인 인종 간 불평등과 상호갈등이 얼마나 심각한 지경에 이르렀는가를 극명하게 보여 준 사건이었다.

—

2011년 4월 29일

영국 왕실, 세기의 결혼식을 치르다

—

영국 왕족, 세계 50여 나라 정상 등 하객 1,900명은 2011년 4월 29일 오전 8시 15분부터 식장에 입장해 신랑 신부를 기다렸다.

찰스 윈저(Charles Philip Arthur George Windsor : 1948~) 왕세자와 다이애나 스펜서(Diana Frances Spencer : 1961~1997) 비의 결혼 이후 30년 만에 세계인의 이목이 영국 왕실의 케임브리지 공작 윌리엄(William Arthur Philip Louis : 1982~) 왕세자와 캐서린 엘리자베스 미들턴(Catherine Elizabeth Middleton : 1982~)의 결혼식에 집중되었다.

윌리엄 왕세자는 1982년에 찰스와 다이애나 사이에 맏아들로 태어났다. 그는 영국 여왕 엘리자베스 2세(Elizabeth Ⅱ : 1926~)의 손자로, 아버지 찰스에 이어 영국 왕위 계승 순위 두 번째에 있다. 공식 칭호는 '웨일스의 윌리엄 왕자 전하His Royal Highness Prince William of Wales'이다.

한편 케이트 미들턴은 평민 출신의 스코틀랜드계 영국인으로 1982년에 태어났다. 윌리엄과는 세인트앤드루스 대학교에서 처음 만나 결별과 재만남을 반복해 오다 2010년 말에 약혼하고 이날 결혼식을 올리게 되었다.

결혼식은 오전 11시에 시작됐다. 캐서린은 주례를 맡은 영국 성공회

수장 로완 윌리엄스(Rowan Douglas Williams : 1950~) 대주교 앞에서 "윌리엄을 사랑하고 위로하며 존경할 것"이란 결혼서약을 나지막하게 읊조렸다.

주례의 성혼 선언이 끝난 후 캐서린은 성당 입구에 있는 무명용사 묘비를 지나 윌리엄 왕자와 함께 사륜마차에 올라탔다. 결혼식을 마친 왕세손 부부를 태운 마차가 웨스트민스터 사원을 떠나 버킹엄 궁까지 이르는 약 15분간 런던 거리는 열광과 환호 소리에 파묻혔다.

신랑 신부가 버킹엄 궁의 발코니에 모습을 드러내자 힘찬 박수와 환호가 터져 나왔다. 첫 키스가 너무 짧다며 사람들이 "다시 한 번!"을 외치자 부부는 좀 더 길게 입을 맞춘 뒤 환하게 웃었고, 결혼식 분위기는 최고조에 달했다. 발코니 키스가 진행되는 사이 영국 공군기들이 버킹엄 궁 상공을 축하 비행하는 이벤트로 세기의 결혼식은 끝났다.

4월의
모든 역사

4월 30일

■
■
■

408년 4월 30일
승려 구마라습이 『대품반야경』을 번역하다

관자재보살 행심반야바라밀다시 조견오온개공 도일체고액
觀自在菩薩 行深般若波羅蜜多時 照見五蘊皆空 度一切苦厄

사리자 색불이공 공불이색 색즉시공 공즉시색 수상행식 역부여시
舍利子 色不異空 空不異色 色卽是空 空卽是色 受想行識 亦復如是

아제아제 바라아제 바라승아제 모지사바하
揭諦揭諦 波羅揭諦 波羅僧揭諦 苦提娑婆訶

"관자재보살이 지혜의 완성을 실천할 때 존재의 다섯 가지 구성요소에 실체가 없음을 보고 중생의 모든 괴로움과 재난을 건졌다. 사리자여! 물질적 현상은 공과 다르지 않고 공은 물질적 현상과 다르지 않다. 그러므로 물질이 곧 공이요 공이 곧 물질이며, 느낌과 생각과 의지작용과 의식도 그와 같이 실체가 없다. 가자, 가자, 저 건너 언덕으로 가자, 우리 모두 함께 피안으로 건너가 영원한 깨달음을 얻게 되기를……."

-『반야경』

『반야심경』은 『반야바라밀다심경般若波羅蜜多心經』을 줄여 말하는 것으로 방대한 양으로 되어 있는 여러 『반야경般若經』 가운데 그 중심사상을 매우 간결하게 해설한 경이며, 불교의 모든 경전 가운데 가장 짧다.

『반야심경』의 근본이 되는 『반야경』을 중국에 들여온 사람은 구마라습(鳩摩羅什 : 344~413)이다.

그는 중국 북서쪽에 있던 구자국龜玆國에서 태어났다. 그의 아버지는 구마염으로 나라의 재상이 될 만한 인물이었으나 인도로 가서 불법을 배웠다. 그가 다시 돌아오자 구자국의 왕이 예를 다하여 재상으로 맞이하고 누이동생을 그에게 시집보냈다.

그 사이에 태어난 아들이 구마라습으로, 어머니는 아들이 7세가 되었을 때 같이 출가하였다.

이 때문에 구마라습은 어려서부터 많은 경문을 암송하였고, 경문의 뜻도 잘 알았다. 하지만 그가 배우는 경전에 많은 부분이 잘못 번역되어 있는 것을 보고 번역에 뜻을 두었다. 왜냐하면 구마라습 이전에 한문으로 번역한 경전은 중국의 노장사상으로 번역을 하여 그 뜻이 잘 맞지 않았기 때문이다.

그는 서역의 카슈가르에서 소승불교를 공부하였고 소륵국에서는 대승불교를 배우고 돌아왔다. 또한 천축국이라 부르던 인도에도 다녀와 국사國師로 있으면서 『반야경』 『법화경』 『중론』 등 35부 348권에 이르는 경전을 번역하였다.

구마라습은 408년 4월 30일에 『대품반야경』의 번역을 마쳤다. 이 경은 『반야공관般若空觀』을 설명한 기초 경전으로 원제는 『마하반야바라밀경摩訶般若波羅蜜經』이다. 『이만오천송반야二萬五千頌般若』라고도 한다. 구마라습은 3품三品이던 이 경을 무려 90품으로 나누는 작업을 완성하였다.

하지만 구마라습 또한 번역의 어려움을 말했다.

"인도에서 가장 숭상하는 부처님을 찬미하는 노래는 지극히 아름다운데,
지금 이것은 한문으로 번역하면 다만 그 뜻을 얻을 뿐 말은 얻지 못한다."

구마라습 이후 당나라의 현장이 불경 번역에 대가를 이루었다. 이 때
문에 구역舊譯의 대표로 구마라습을 들고 있으며, 신역新譯의 대표로 현
장을 들고 있다.

—

1789년 4월 30일

조지 워싱턴, 미국의 초대 대통령으로 집무를 시작하다

—

"first in war, first in peace, and first in the hearts of his countrymen."

-헨리 리

미국의 건국과 혁명의 과정에서 주요한 역할을 수행한 '미국 건국의
아버지' 조지 워싱턴(George Washington : 1732~1799)이 1789년 4월 30
일, 초대 대통령으로서의 집무를 시작했다.

워싱턴은 1789년부터 1797년까지 8년간 미국의 초대 대통령으로 국
내 여러 세력의 단합과 헌법의 실현 등에 힘써 신생 미국의 기반을 다
지는 데 크게 공헌하였다.

또한 그는 헌법을 실제 정치에 반영시키는 한편, 여러 나라와의 국

교를 조정하는 일에 주력하였다. 그러기 위해서 정견을 달리한 알렉산더 해밀턴(Alexander Hamilton : 1755~1804)과 토마스 제퍼슨(Thomas Jefferson : 1743~1826)을 각각 재무장관과 국무장관으로 기용하여 국내 재정 정책의 수립과 외교 정책의 정비를 담당하게 하였다.

1793년에 발발한 프랑스와 영국과의 전쟁에 대해서는 해밀턴의 의견을 받아들여서 중립을 선언하고, 유럽의 분쟁에는 개입하지 않는다는 전통적인 고립주의 외교 정책을 수립하였다.

워싱턴은 1796년에 3선 대통령으로 추대되었으나 민주주의 전통을 세워야 한다는 이유로 끝내 사양하였다. 신생 미국의 기반을 굳게 다진 데 대한 워싱턴의 공적은 지금도 높이 평가되고 있다.

* 1732년 2월 22일 '미국 초대 대통령 조지 워싱턴 출생' 참조

—
1975년 4월 30일

베트남 전쟁 종결

—

1975년 4월 30일 아침 남베트남 민족 해방 전선군이 남베트남 수도 사이공을 3개 방면으로부터 진공해 들어가자 오전 10시 30분 남베트남 대통령 두옹 반 민(Duong Van Minh : 1916~2001)이 무조건 항복을 결정하고 TV를 통해 정부군 병사에게 전투 중지를 명령했다.

오후 12시 30분 해방전선기가 대통령 관저에 게양됨으로써 30년에 걸친 베트남 전쟁의 종결을 고했다.

1974년까지 일진일퇴했던 베트남 전쟁은 해가 바뀌면서 상황이 돌변,

해방군의 공격 강도가 높아졌다. 3월 29일 최대의 군사거점 도시인 다낭의 함락을 비롯해 캄란 등 대도시가 속속 함락됐다. 4월에 접어들어 정부군의 영역은 사이공으로부터 반경 100km 이내로 한정되었고, 계속된 해방 전선의 적극 공세로 사이공은 무질서와 혼란에 빠졌다. 4월 17일에는 인접국인 캄보디아의 수도 프놈펜이 해방군 세력에 넘어갔다.

4월 28일에 사이공 시민의 기대를 받고 등장한 두옹 반 민 대통령은 취임 연설에서 즉각 정전, 평화교섭 즉시 재개 등을 제창했지만 해방세력은 공항과 사이공 폭격으로 대답했다.

4월 29일에 미국 대사관이 폐쇄되었고 직원들은 헬리콥터로 탈출했다. 베트남전에 종지부를 찍은 미 국방부는 이 전쟁에서 미군 사망자 수는 약 6만여 명이고 전쟁에 든 비용은 약 1,390억 달러라고 발표했다.

—

1973년 4월 30일

미국의 닉슨 대통령, 워터게이트 사건 책임을 물어 보좌관과 법률 고문 해임

—

리처드 닉슨(Richard Milhous Nixon : 1913~1994) 미국 대통령의 측근이 닉슨의 재선을 위한 공작의 일환으로 워싱턴의 워터게이트 빌딩에 있는 민주당 본부에 침입하여 도청 장치를 하려 했던 사건이 드러났다.

이에 닉슨 대통령은 1973년 4월 30일 홀드먼, 에릭먼드 두 보좌관, 딘 법률 고문, 크라인딘스트 사법 장관을 사임하게 하고 자신은 사건에 대해 전혀 몰랐다고 변명했다.

그러나 이 사건 관련자 제임스 머코드 등 7명이 체포되고 이들에 대

한 재판이 진행되던 중 미첼 재선위원장, 홀드먼 보좌관 등 닉슨의 측
근도 관련되었다는 사실과 백악관의 은폐 조작 이전부터 행해진 정적
에 대한 불법적 정보 활동 등이 밝혀졌다. 또한 법률 고문 딘은 그 해 6
월 25일에 열린 상원조사위원회의 공청회에서 닉슨 대통령도 사건의
은폐 공작을 알고 있었다고 증언했다.

닉슨은 결백을 증명하기 위해 녹음테이프와 속기록을 공표했으나 손
을 댄 흔적이 발견됨으로써 의혹만 더하게 했다. 게다가 이 사건을 밝
히기 위해 임명된 특별 검사의 해임, 불성실한 납세 신고 등으로 국민
의 불신감이 깊어지자 하원 사법 위원회는 대통령의 탄핵을 가결했다.
궁지에 몰린 닉슨은 1974년 8월 자발적으로 대통령직을 사임했다.

* 1913년 1월 9일 '미국 닉슨 대통령 출생' 참조

―

1948년 4월 30일

미주 21개국, 보고타 헌장에 조인

―

1948년 4월 30일 미국의 주도로 아메리카 대륙의 21개국 대표가 콜
롬비아 보고타에 모여 열린 제9회 미주 회의에서 '미주 기구 헌장', 일
명 '보고타 헌장'이 조인됐다.

이에 따라 미주 지역의 집단 안전 보장, 국가들 간의 경제 · 사회 · 문
화 교류와 협력을 주요 내용으로 하는 미주블록이 형성되어 아르헨티
나, 콜롬비아, 브라질, 베네수엘라, 멕시코, 우루과이 등 20여 개의 라틴
아메리카 국가들이 미국과 공동으로 보조를 취하게 됐다.

미주 회의는 3월 30일에 시작되었지만, 4월 9일에 콜롬비아의 한 야당 지도자가 피살되어 분노한 군중이 보수당 정권의 타도를 외치며 대규모 폭동을 일으키자 콜롬비아 정부는 미주 회의의 중단을 선언하기도 하였다. 하지만 군대가 폭동을 곧 진압해 회의가 속개됐다.

라틴 아메리카 각국에서도 공산당에 의한 테러 사건이 빈발하자 회의는 4월 22일 반공결의안을 가결, 미주기구가 반공블록인 점을 명확히 했다.

1939년 4월 30일

미국, 최초의 TV 방송 시작

1939년 4월 30일 미국 뉴욕 퀸스 지역에서 세계 박람회가 시작됐다. '내일의 세계 건설'이라는 주제로 열린 뉴욕 박람회는 60개국에서 1,300개의 기업이 참가했다.

이날 개막식을 보기 위해 모여든 수십만 명의 군중은 단상에 라디오 방송용 마이크 사이로 낯선 기계 하나가 놓여 있는 것을 발견했다. 미국 라디오 방송 공사 자회사인 NBC가 미국 최초로 TV를 통해 뉴욕 박람회 개막식을 중계하는 것이었다.

이날 낮 12시 30분 박람회장을 보여 주면서 시작된 TV 방송은 오후 3시 공식 개막 행사의 종료와 동시에 끝났다. 방송용 카메라가 담은 모습은 엠파이어 스테이트 빌딩 꼭대기에 있는 NBC의 송신기에 유선으로 전달됐다.

그러나 미국이 TV 방송을 처음으로 시작한 나라는 아니었다. 대서양 건너 영국에서 먼저 1936년 8월 BBC를 통해 하루 두 시간씩 시험적으로 TV 방송을 개시했다.

그러나 TV를 본격적으로 현대 문명의 최대 주역 중 하나로 만든 것은 역시 20세기의 주역 미국이었다. '지구촌'이라는 말을 처음 탄생시킨 것은 다름 아닌 TV의 힘이었다.

* 1932년 8월 22일 '영국 BBC, 시험 TV 방송 개시' 참조

4월의 모든 역사_세계사

초판 1쇄 인쇄 2012년 4월 1일
초판 1쇄 발행 2012년 4월 5일

지은이 이종하

펴낸이 김연홍
펴낸곳 디오네

출판등록 2004년 3월 18일 제313-2004-00071호
주소 121-865 서울시 마포구 연남동 224-57
전화 02-334-7147　**팩스** 02-334-2068
주문처 아라크네 02-334-3887

ISBN 978-89-92449-87-8　03900